花有情

青山俊董

春秋社

目次

春

夏

秋

冬

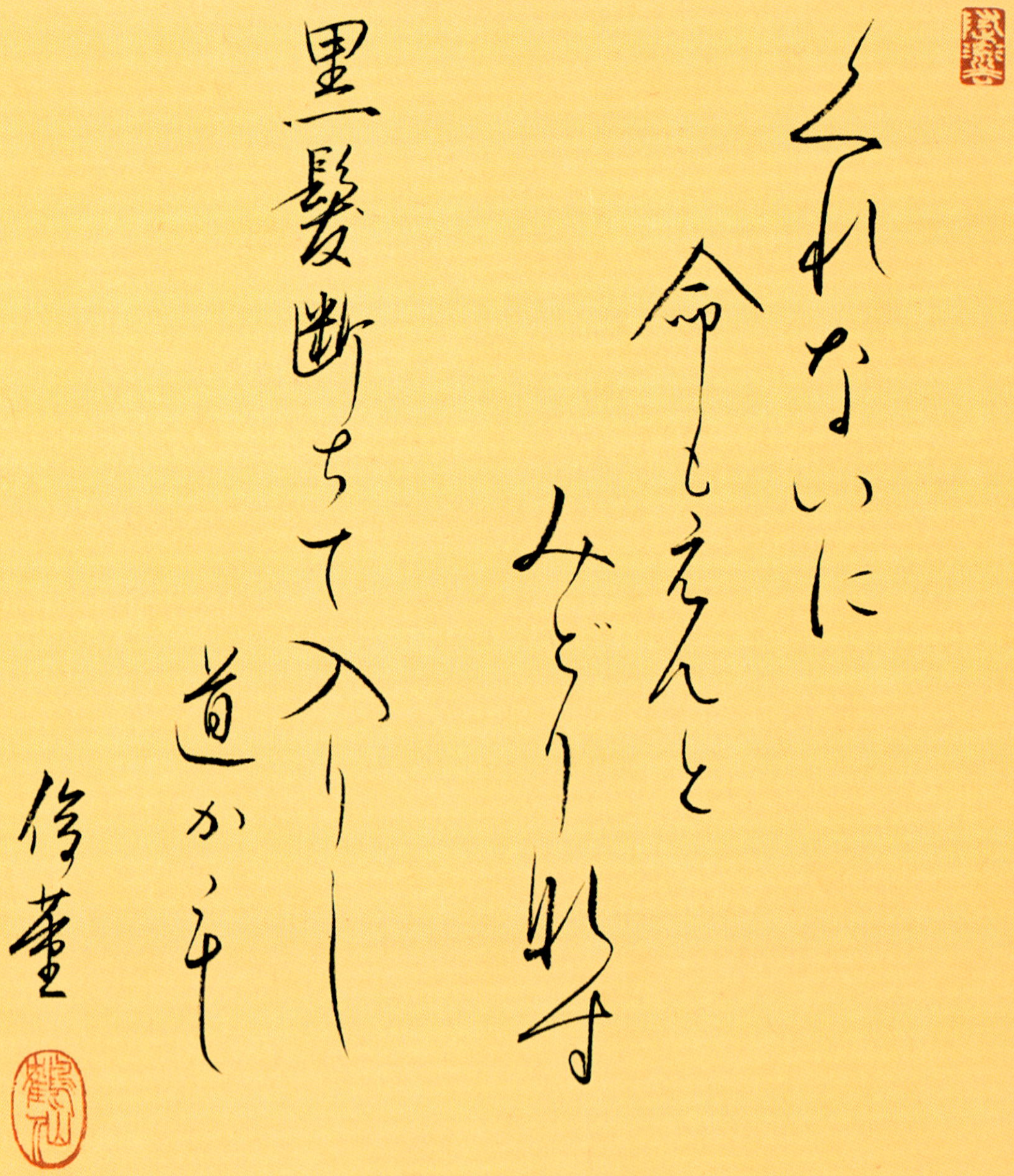

くれないに　命もえんと　みどりなす
黒髪断ちて　入りし道かも

春

落ちた風情をたのしむ

冬の寒さがきびしい信濃路は、遅い春の訪れを待ちかねたように、すべての花々が一斉に競い咲く。冬にほしい椿たちも、ほかの花たちといっしょになって咲く。

芽吹き柳を緑のすだれよろしく生け、遅ればせながら咲いてくれた椿たちを柳に負けじとたくさん入れる。

つくばいのかすかな水音と、釜の煮えの音のほかは、何ひとつしないしずかな茶室。ポトッ！　と大きな音を立てて椿が落ち、アッと声をあげ、みなの視線が床の間の落ち椿に集まる。私は落ち椿にまつわる話をした。

比叡おろしの風が身にしみる朝、千利休《せんのりきゅう》さまから細川忠興《ほそかわただおき》ら三人の弟子たちのもとへ急使がとんだ。招待状には「花入到来。唯今待ち候」と書かれている。「唯今待ち候」とは何とも性急な招き。よほどのすばらしい花入れであろうと、三人は心もそらに馳せ参じた。

何事もなげに点前《てまえ》はすすみ、終わり、別れのあいさつをして退出するまで、ついに床にも腰掛けにも露地《ろじ》にも、それらしい花入れは出てこない。不審に思いつつも、利休さまの隙のない動きに気《け》おされて質問もできないまま、三人は退出におよんだ。露地におり立った三人に利休さまはしずかに尋ねられた。

「花入れ、ご覧候ひしや」

三人はあわてふためいたが、どうしようもない。「拝見申さず」と言うと、利休さまはにこやかに手をあげられた。見ると目の前の塵穴《ちりあな》に、椿の落花が入れてあり、周囲の苔に映えて、たとえようのない美しさであった。

利休さまの孫の宗旦《そうたん》さまは、安居院住職が持たせてよこした初咲きの椿を、それも途中で使者が散らせてしまったものを、ていねいに受け取り、掛け花入れに枝を生け、その下に自然に落ちた風情に花を置き、使いの労をねぎらって茶をもてなされたという。

利休さまの自在なる技のみごとさ、宗旦さまのあたたかい心など、落ち椿が語ってくれる古人の逸話に、心うるおう一時であった。

花材◉芽吹きのしだれ柳／椿いろいろ
花器◉青竹

どんな配役をいただいても

春の光が天地いっぱいに降りそそいでいます。私は思わず麦わら帽子をかぶり、いそいそと野原へ出かけました。

なずなやすみれが首を振って、つくしは何枚もハカマをはき、直立不動の姿勢で私を迎えてくれました。私はうれしくなってしまい、帽子を脱いで、その中へ春の天使たちを摘み入れ、いそいそと家に帰り、今度は帽子を花器に見立てて玄関に置き、お客さまへのもてなしとしました。

やがて花たちもしぼんでしまったので、水でぬれた帽子を縁側に干しておきましたら、オヤオヤ、猫ちゃんが、気持ちよさそうにその中で昼寝をはじめました。寝床とまちがえたんでしょうね。

どんな配役をいただいても、たのしくすんなりと務めてくれる帽子がいとおしくて、私は思わず猫ごと抱きしめてしまいました。私もそんなふうになりたいなあ、と思いつつ。

花材◉なずな／つくし／すぎな／ふきのとう／すみれ　ほか
花器◉麦わら帽子

桃によせた人の祈り

みんな幸せになりたいんだね。

みんな仲よくしたいんだね。

誰しもやっぱり長生きしたいんだね。

だから、邪鬼払いの霊力があるといわれる桃の葉を煎じて飲んだり、追儺《ついな》式には桃の弓や桃の枝で鬼を追い出す行事をしたんですね。

桃の枝で作った人形に、着物を着せてそれを身につけ、恋の成就を祈ったり……。

その花びらを酒につけて飲み、美人になることを夢みたり……。

それなのに、その願いとは裏腹に、わけもなく腹が立ってくるときがあります。どうしようもなく、淋しいときもあります。思いとは別に、感情だけが暴走し、荒れ狂い、人もそして自分も、傷ついてしまいます。身も心も。


一人の女性が怒りにふるえながら、夫の浮気を訴えてきました。一人の娘さんが、暗い暗い顔をして、破れた恋の悲しみを訴えてきました。その顔は阿修羅《あしゅら》のようでした。こういう顔をしていたのでは、ご主人も恋人も逃げ出したくなるだろうなぁ、と思いました。

どちらも、とっても顔だちはいいのに、少しも美しくないんです。明るい笑顔になったら、生きるよろこびに輝いていたら、どんなにか美しく、魅力ある顔になるだろうになぁ……と思いつつ、二人の女性の顔を見つめたことです。

お釈迦さまの教えという桃の実を、よくよく消化することができたら、般若の顔はたちまち、菩薩の顔と変わることでしょうに。

花材◉桃／菜の花／手作りの紙雛
花器◉湯桶

花こぼれ　なお薫る

花ひらき
　花香る
花こぼれ
　なお薫る

これは数々の名作をのこし、飛行機事故で惜しくも散った向田邦子さんの墓碑に刻まれた、森繁久弥さんの追悼歌である。

「花ひらき、花香る」花は数多くあるけれど、「花こぼれ、なお薫る」花は少ない。花が終わった後までも、残骸をとどめている花、残骸をとどめず散っても、散った姿が美しくない花、いろいろある中で、ほろほろとこぼれた姿もいとおしく、捨てがたく、水をはった広口の器に浮かせてみたり、部屋の隅にそっと置いてお香の空薫《そらだ》きのかわりにしてみたりする花もある。

「南枝北枝《なんしほくし》の花おのずから遅速《ちそく》あり」と唐の詩人は吟じていたが、北風をよけた日だまりのれんぎょうが、いち早く春を告げて咲いてくれた。早春の花はいずれも香が高い。寒い冬を越えて咲くからであろうか。あまりにおおらかにのびた蔓の飾り場がなく、とうとう腰掛けの梁につるすことになった。沖縄を訪ねたおり求めてきた古酒甕《クースガーメ》に入れて。

暮れなずむ春の夕日の中に薫るれんぎょうを見つめながら思う。「花こぼれ、なお薫る」、そんな人生でありたいと。

花材◉れんぎょう／すかし百合
花器◉沖縄の古酒甕

土のにおい
母のぬくもり

あたたかく、やわらかく、夢みるような春霞を、薄紅に染めているのは蓮華草《れんげそう》。黄緑に染めているのは菜の花。

　幼き日、蓮華草やクローバーの花で首飾りを作ったり、蝶を追いかけて菜の花畑にまどろんだ日の遠い想い出が、春霞の底に眠る。

　菜の花には、おふくろのぬくもりがある。すり切れたかすりの雪袴《ゆきばかま》をはき、節くれだった手のアカギレをかばいもせず、台所に、野良にと立ち働く、おふくろのぬくもりが。

　菜の花には土のにおいがある。土はあらゆるものを蔵している。だからこそ草木を育て、みみずたちを住まわせることができる。人はこれを不純物と呼ぶが。

　陶芸家たちは言う。〝不純物があるからいいんですよ〟と。いろいろ入っている、砂や石までも。それが表情をゆたかにし、すきまだらけなればこそ、さりげなくあったかい。

　三月は千利休さまの逝かれた月。利休忌には菜の花を供える。菜の花を供えるたびに思う。菜の花に秘められた利休さまの侘びの心を。

　そして、土をいとい、土の命をうばい、土から浮きあがってしまった人類の文化の危機を。

花材◉木瓜《ぼけ》／菜の花
花器◉瀬戸黒の茶壺

花材◉かたくり／雪割草
花器◉水滴《すいてき》二種

鉢の子に花かきあつめみ仏に

きびしかった冬も去り、野山が霞でけぶるころになると、良寛さまはじっとしておれなくなり、托鉢《たくはつ》にお出になる。子らが呼びかける。「良寛さま、てまりつこうて」。良寛さまは日の暮れるのも忘れて子らと遊ばれる。

霞立つ長き春日を子供らと
　手まりつきつつこの日暮らしつ

またの日、良寛さまはあじろ笠をかぶり、錫杖《しやくじよう》を片手に野の道を歩いておられた。たんぽぽが、すみれが、蓮華草が、良寛さまを呼び止める。良寛さまは鉢の子（応量器）をほうり出し、花とたわむれ、花に酔い、花を摘み、仏さまに供えようとこおどりして帰り、すっかり鉢の子を忘れてきてしまった……。

鉢の子にすみれたむぽぽこきまぜて
　三世《みよ》の仏にたてまつりてむ

道のべのすみれつみつつ鉢の子を
　忘れてぞ来しその鉢の子を

おりおり良寛さまは心ひかれる思いで郭《くるわ》にいかれる。悲しい定めの遊女たちが、良寛さまを待ちこがれている。その法衣の袖にふれ、その温顔をあおぎ、そのお声を聞くだけ

で悲しみは洗い流され、心が安らぐから。

墨染のわが衣《ころも》手《で》のゆたならば
まずしき民を覆はましものを

良寛さまならずとも、花の好きな私は、どこへ行っても花と話し込んでしまう。インドでいただいた鉄鉢《てっぱつ》とその蓋へ、良寛さまのお心よろしく草ぐさを摘み、三世の仏たちに供えさせていただいた。

「やはり野におけ蓮華草」の句ではないが、そっとそのままにしておいてあげたほうがよいのだけれど、「ごめんなさいね」と花たちに詫びながら。

花材◉たんぽぽ／蓮華草／十《じゅう》二《に》単《ひとえ》／クローバー
花器◉インドの鉄鉢とその蓋

花材◉すみれ
花器◉さざえ

何とも思わないで助けあっているんですね

雪どけ水が、谷川の岩や木の根を絃として春の歌を奏ではじめました。

すみれさん、あなたは、いちはやく目をさまし、その演奏に加わりましたね。オヤオヤ蜜蜂も飛んできましたよ。

アラッ、あなたの用意した休憩台にとまりましたよ。ちゃんと知っているんですね。あなたのまごころを。

あなたは花弁の一部をけづめのように突き出させて、横向きに咲くんですね。それは、蜜蜂たちのために用意された台なんですって？

羽を休めた蜜蜂たちは、やがて花の中にもぐりこみ、蜜をごちそうになり、お礼に体じゅうにつけた花粉をお隣の、またそのお隣の花に運んであげるんですね。

お互いに、御馳走したとも御馳走になったとも、何とも思わないで、自然に助けあっているんですね。

人間は、頭で〝やらなきゃならない〟といい聞かせても、実行できないんですよ。〝わかっちゃいるけど〟なんていってね。

美しく、なつかしいものへと変えつつ

人は誰しも心の奥の小箱に、そっとしまっておきたいことがあります。忘れようと思って。でも、どこかで忘れまいと思って。

ドナウ河のほとりを二人の恋人同士が散歩しておりました。ふとルリ色の可憐な花を見つけ、少年はそれを摘もうとして、足をすべらせ、河へ落ちてしまいました。

摘んだ一輪の花を岸の恋人に投げかえしながら、「私を忘れないで」の一言を残して、少年はとうとう波間に姿を消してしまいました。忘れな草には二人の悲しいお話が伝えられています。

時は、人の思いをよそに、よろこびも悲しみもひとしく忘却の彼方へと流し去ってゆきます。痛みを癒《いや》しながら。悲しかったこと、つらかったことも美しくなつかしいものへと変貌させながら。「時とともに忘れる」ということも、仏さまの慈悲のおはからいなのかもしれませんね。

花材◉貝母百合《ばいもゆり》／忘れな草
花器◉さざえ型焼きしめの灰皿

散ればこそ
いとど桜はめでたけれ

樹齢三百年の桜が、たくさんの杖《つえ》にささえられながら、今年も美しい花を咲かせてくれた。

往年、この桜に出会えた感激を、「老桜無語」「無語説法」と色紙に書いてくださったお方がおられた。古来日本人は、桜を愛し、桜を友とし、桜の語りかける多くの言葉に耳をかたむけてきた。

死の戦場へ赴く兵士たちに、「散ればこそ、いとど桜はめでたけれ」と、ハラハラと散る桜を生けて出陣のはなむけとした利休さま。

「花はさかりに、月はくまなきをのみ見るものかは。……咲きぬべきほどの梢、散りしをれたる庭などこそ見所多けれ」と、うつろいゆく命の全体をいとおしみ、味わってゆけとさとした兼好法師。

ねがはくは花の下にて春死なむ
　そのきさらぎの望月の頃

とうたい、願い通りに二月の中ごろ（旧暦の三月末）にみまかられた釈尊のあとを慕い、葛城《かつらぎ》山麓の桜の下で生涯を閉じた西行法師。

天つ神ニニギノミコトが、ときわに石の如くに変わらない石長姫《いわながひめ》(石)よりも、美しくもはかない命の木《こ》の花さくや姫を愛したという『古事記』の昔より、日本人は桜を愛し、桜との語らいを通しておのが命のあり方を問い、魂を深めてきた。

霞のように大空をいろどり、花吹雪と舞い散って大地を飾る桜花と、今年も出会うことができ、つかの間の語らいながら限りなく深いひとときを持てたことをよろこんだことである。

花材◉しだれ桜／椿
花器◉竹の二重切り

踏まれなければ駄目になる

　豊かな自然に恵まれた日本人は、微妙にうつろいゆく季節の推移をきめこまかく受けとめ、二十四節気《せっき》に分け、それぞれに美しい名をつけた。立春、春分、立夏、夏至などというのは耳に親しいが、あまり知られていないのに芒種《ぼうしゅ》というのがある。

　麦や稲などのようにのげのある穀物を芒種と呼び、陰暦五月の上旬をこの名で呼ぶのは、この季節に麦を刈り稲を植えるからだという。

　麦を見ると思い出す言葉がある。坂村真民《しんみん》先生の「踏まれて起きあがり、倒れてしまっては駄目」という詩の一節である。踏まれて倒れてしまっては駄目なのである。起きあがらなければ駄目なのである。しかし、その立ちあがる力は踏まれることによってのみ得られるのである。だからむしろ「踏まれて起きあがり」のもうひとつ前に、「踏まれなければ駄目になる」と私は言いたい。

　私は野の花、山の花が好きで、わが家の野菜畑はいつのまにか野の花、山の花に城をあけわたす仕儀となった。移し植えられた山草たちが、先住の雑草たちに負けてはかわいそうと、雑草をとり除いて過保護にするほどに、幾種類かの山草たちは根を浮かして枯れていった。

　草たちは身をもって教えてくれた。〝私たちは路傍にあって人々や車に踏まれなければ駄目になる〟〝他の草たちと競いあい、支えあわねば駄目になる〟ということを。

　しかし、また考えた。いつ踏まれてもよいというものではないということを……。

　たとえば、麦がヒョロヒョロとモヤシみたいに大きく育ってから踏まれたら、折れたきり起きあがることはできないであろう。踏まれるべきときに踏まれてこそ、どんな嵐にも堪えて力強く立ちあがることができるのである。ちょうど麦が大地にはりついている小さいときに、愛をもってたんねんに踏まれてこそ、深く根を張ることができるように。

　ひとりっ子で過保護に育った子供たちが、わずかなことで折れてゆく姿を見るとき、踏むべきときに踏んでやらねばならない、大人たちの責任を思うことしきりである。

花材◉麦／菜の花
花器◉神代杉の広口水盤

枯れ木のつぶやき——いろいろあるからいいんじゃ

足元は霜柱に囲まれ、零下八度、十度、十五度……。夜明けの身を切るような寒さに、じっと堪えながら、春を待ったあの日。

春の訪れとともに、百花に先んじて艶麗な花を開かせ、多くの人々の賞歎を一身にあつめ、わが世の春を謳歌した日もあった。美しさゆえにねたまれたり、たたかれたりして、生きてゆく勇気を失いかけた日もあった。

咲き疲れ、花びらの重みに堪えかねて、くずれるようにして散らねばならなかったときの悲しさ。あれほどに、かわいがってくれた人間どもに、手のひらをかえしたように掃き捨てられたときの口惜しさ……。

すべてのいとなみを終え、死さえも再び訪れることがなくなった枯れ木になってみると、そのすべてが美しく、なつかしい絵巻物として、思い起こされる。

遠く離れてみるということは、いいことだ。長い時間という洗礼にあうことも、いいことだ。すべてが美しく、いとおしいものに思えてくる。殺したいほどに憎らしかった人も、死にたいほどに苦しかったことさえも。

ある老師がおっしゃった。「いろいろあるからいいんじゃ。何もなくてみい、退屈でかなわんぞ」と。

花材◉牡丹《ぼたん》
花器◉竹籠

花で語る絵巻物

花材◉えびね蘭／一人静
花器◉織部の扇面菓子器

春の遅い信濃路に、いち早くその訪れを告げてくれる花のひとつに、一人静《ひとりしずか》がある。名のごとく、いかにもひっそりと、米粒ほどの白い穂をえんじ色の小豆大の四枚の葉で、しっかりと包むようにして。一人静よりやや遅れて、二人静《ふたりしずか》はすっかり緑の葉を大きく広げてから花を咲かせる。穂をふたつ、ときに三つつけて。

吉野の山奥で、源頼朝に追われて奥羽に逃れる源義経と、静御前《しずかごぜん》は涙の別れをした。そのあとに咲いたのがこの花であるとか……。やがて捕われ、頼朝の面前で舞うことを命ぜられた静御前は、「しずやしず、しずのおだまき繰り返し、昔を今になすよしもがな」と涙ながらに踊った。骨肉あいはむ悲しみを、仲良き往時に返すすべなきかと、切なる願いをこめて。

竹の子を夫婦《めおと》に寄りそわせ、そっと窓をあけ、深山《みやま》おだまきと二人静を入れ、はるかなる物語に思いを馳せるも、またたのしからずや――である。堪えがたい愛憎も生死流転《しょうじるてん》のさまも、何百年という歴史のフィルターをかけてみると、すべていとしくも美しい絵巻物となる。

吉野山ころびても又花の中
柳《やなぎ》　宗悦《むねよし》

すべて仏の御手の中での起き伏しと思えば、つねに心安らかなのだが……。

花材◉深山おだまき／鳴子蘭／二人静
花器◉竹の子

手に花を心に月を

月型の掛け花入れに熊谷草《くまがいそう》を一輪入れ、藤棚につるしてみた。木もれ日の中に浮かびあがった熊谷草と対照的に、シルエットをなす月の輪の船。馥郁《ふくいく》と香る藤の花の香りに酔いながら、私はしきりに于良史《うりょうし》（中国・唐時代）の「春山夜月《しゅんざんやげつ》」の詩を思った。

掬水月在手（水を掬《きく》すれば月手に在り）
弄花香満衣（花を弄《ろう》すれば香《かおり》 衣《ころも》に満つ）

水を手にすくうと、その水に月影が宿り、花をもてあそんでいると、その花の香が着物に満ちわたってゆく、というのである。

心の池に水を満たし、その水を澄ませさえすれば、真如の月は、仏さまは向こうから姿をあらわしてくださり、語りかけてくださる。よき師、よき友、よき教えの中に身を置けば、おのずから自分もよくなる、というのではなかろうか。

道元禅師は「霧の中を行けばおぼえざるに衣しめる。よき人に近づけばおぼえざるによき人となる」とおおせられた。一人では足弱くて、わがままな自分に負けてしまう私も、志を同じくし、道を同じくする友の中に身を置くことで、自分に克《か》ちながら前へ進むことができる。

つらくても、苦しくても、つとめてよき師よき友に近づき、一度きりの人生を、少しでも悔いのないように生きたいと思う。しかしそれには、よき友を持つ資格のある自分になることのほうが先決かもしれない……。

花材◉熊谷草
花器◉月の輪

空《から》からはじまる——からっぽになる修行

竹を切る。

切り口はまん丸の輪になり、中はからっぽ。

「環中虚《かんちゆうきよ》」という言葉を思い出す。

からっぽということである。

からっぽだから水が入り、花が入る。

からっぽだから料理が盛れる。

からっぽだから道具が入る。

からっぽだからお食事もおいしくいただける。

乾杯のお酒を注ぐのが間にあわず、空の杯を高くかかげ、「空からはじまる」と音頭をとった人がいた。

前の滓《かす》がつまっている器には何も入らず、いっぱいつかんでいる手には、何も持つことができないように、私の考えを捨てきって、からっぽにならなければ、どんなにすばらしいお話も、みんなこぼれ落ちてしまう。

十二単を着て、土の中から出てきた竹の子は、一枚一枚脱ぎ捨てて裸になり、中もからっぽになる修行をしながら、天に向かってのびてゆく。人間はつかもうつかもうとしているのに。

花材◉竹の子／しゃが／わらび
花器◉あけび蔓の手あみ籠

凡夫の私を十字架にかける

オランダの海辺、風車の並ぶ草原で、水色の小さな四弁の花を見つけた。そっと摘んでかたわらに立っておられた神父さまに花の名を尋ねると、ちょっと首をかしげたのち、「十字の形をしていますね」と言いながら、足元のクローバーの中から四つ葉を探し、「これも十字をきざんでいます」と、水色の十字の花に添えてくれた。

アメリカから通訳を兼ねて侍者《じしゃ》としてかけつけてくれたD尼が語りかけてきた。

「キリスト教の世界では四弁の花をとても大切にします。キリストの十字架を花に重ねて思うのでしょうね。日本からワシントンへ桜の苗木が贈られましたね。そのお返しにアメリカから日本へ贈られてきたのが花みずきです。あの花みずきはやはり四弁で、花びら（じつは萼《がく》）の先が少し切れて変色していますでしょう。キリスト教徒はあの花にキリストの十字架を見、あの切り込みや変色のところに、両手両足を十字架に釘でうちつけられたキリストの痛みを感じとり、とても大切な花としております」

花みずきの花を見るたびに、私はこのときの会話を思い出し、十字架にかけられたキリストの姿を思う。

道元禅師は「法あって死すとも、法無うして生くることなかれ」とおおせられた。いかなる世にあっても、酔わず醒めて生きることはむずかしい。時には神の御名のもとに、正義に殉じて命を捨てる覚悟もせねばなるまい。

ファシズムの嵐の吹きすさぶ中で、是は是、非は非として醒めて生きようとした人々は、思想犯として獄中で命を落とさねばならなかったように。楚の屈原《くつげん》が「世は皆酔へり、われ独り醒めり」と言って乱れゆく世をなげき、汨羅《べきら》に入水して果てたように。

この十字架に別の光をあてた人がいる。カトリックの世界から仏教に転じ、禅僧として清冽に生きられた内山興正《こうしょう》老師は、「坐禅はこの私を十字架にかけることだ」とおっしゃった。〝凡夫《ぼんぶ》の私、エゴの私を十字架にかけて死に切らせ、もう一人の私、仏の命によって生きよ〟と言いかえることができようか。

四弁の花を見るたびに思い起こすことどもである。

花材◉花みずき／黒ろう梅
花器◉淡竹

醒めて生きたし

——敦盛の笛、直実の涙

野点の炉縁《ろぶち》や結界をつくった残りの青竹で、屋根の飾り瓦風に花入れを作り、庭に咲く熊《くま》谷草《がいそう》と敦盛草《あつもりそう》をそっと寄りそわせ、古丹波の壺の前に置いた。何百年と伝わる古丹波のさびた肌ゆえに、露にぬれた花と青竹の緑が、ひときわ映えて美しい。

じっと見つめている私の耳に、敦盛の吹く笛の音が潮騒《しおさい》とともに聞こえてくる。まだ少年の面影をとどめる公達《きんだち》敦盛の首を馘《か》きかねて涙する熊谷直実《なおざね》のため息が聞こえてくる。

そのかみ、武将たちが敵の矢を防ぐために背負うた母衣《ほろ》に、その袋状の花の姿が似ているというので、紅に咲く可憐なほうに美少年敦盛の名を冠し、敦盛草より丈高く、さびた姿に咲くほうに老将軍直実の名を冠した。

源平あい争う谷間に咲いた美しくも悲しい物語を、このふたつの花に託してしのんだ古人の心情を思う。

「あはれ弓矢とる身程口惜しかりける事はなし。武芸の家に生まれずば、何とてか唯今かかる憂き目をばみるべき。情なくも討ち奉るものかな」と、泣く泣く敦盛の首を馘いた直実は、ついに出家して蓮生坊《れんしょうぼう》となる。

戦争というような異常事態の中にあると、とかく人々の心も異常となり、たとえばアウシュビッツの大虐殺のようなこともやってのけるほどに麻痺し、グループぼけしてしまう。しかしいかなる事態の中にあっても、この敦盛のように美しく生きることを忘れず、また、直実のようにあたたかい心を忘れずに、いつも醒めて生きたいものと思う。

花材◉熊谷草／敦盛草
花器◉古丹波の壺／青竹

われらは何によるべきか

山へ行った。

五月の山は新緑にもえ、陽の光も空気も、そして私の身心までも緑に染めつくした。

老松が渓谷に姿をうつすようにして枝をはり、その枝に支えられて藤が美しい花を、風にそよがせていた。

目を根元に落とす。倒れた雑木とともに地に這い、泥にまみれながら咲いている一本の藤の枝がそこにあった。老松によることができず、力のない雑木によりかかったばかりに、雑木もその重みにたえかねて倒れ、藤もともに倒れてしまったのであろう。

他に依存するものは動揺す

お釈迦さまのお声が聞こえてくる。人々は財産をよりどころとし名誉をよりどころとし、夫を、妻を、子を、そして自分の健康をよりどころとし、生きがいとして生きている。でも、それらは泡沫《うたかた》のごとく、無常の風のもとに、かき消されてゆく。それのみをよりどころとして生きてきたものは、それを失ったとき、ともに倒れねばならない。雑木とともに倒れ伏した藤のように。

みずからをよりどころとし、

法をよりどころとせよ

とお釈迦さまはおっしゃった。〝天地のまことである法を、そしてそれにめざめ、それによって生きる真実の自己をこそ、最後のよりどころとせよ〟と。

老松によることにより、大空を舞台として授かりのおのが姿を咲かせ得ている藤をあおぎつつ、改めて問う、「われら何によるべきか」と……。

花材◉藤／はまなす

花器◉青竹

無常の芸術

初釜、お茶会、お茶事と、あらたまった客を迎える準備のひとつに、青竹の仕事がある。つくばいや袖垣など、外まわりを青竹にとり

花材◉おきな草
花器◉青竹

かえると同時に、姿のおもしろいところで蓋置きを作ったり、置き筒や掛け花入れや釣り舟などをつくる。そんなとき、ふと最高にぜいたくな時間をすごしていることに気づく。

長く残る作品に時間と労力を注ぎこむのならわかるけれど、数日にして消えてゆくものに多くの時間と精魂を傾ける。そこに私はきわめて東洋的なものを感ずる。

お花を生けるときも同じ感動をおぼえる。ことに花屋さんの売り物には絶対にならない、わずかな時間しか咲かない草花を生けるとき、その感動は深い。ひとときの青竹との出会い、ひとときの花との語らい。一刻あとは散り、色あせてゆくであろうものたちと、出会い、語らうことができた感動であろうか。

人は、この世に生存した証しとして何かを残したいという心情をもっている。生への執着であろうか。しかしついに移ろうものであり、この世に生存した証しとして残したものも、かえって凡夫の執着心の残骸を、あるいはかつての繁栄を、無常の風にさらすのみとなる事実を見つめたとき、そこに生まれたのが、残らぬものに命をかけるという爽やかな芸術ではなかろうか。今、ひとときに命を燃焼するという芸術となったのではなかろうか。

無常を見つめ、無常をたのしみ、無常を芸術する。仏法をふまえた東洋の芸道の深さを思うことである。

花材◉えびね蘭／いかり草／雪笹／ほたるかずら
花器◉青竹

〃忘れないでほしい〃

——生死の海への舟出

今、一艘の小舟が出ようとしている。乗り手はたった一人。

忘れないでほしい。別れと同じように、いやそれ以上に新しい多くの出会いが準備されていることを。悲しみを通し、失うことを通してのみ気づくことのできる、多くの大切なことのあることを。悲しみにとらわれて、せっかく準備されたそれらのものの前を素通りしないように。

忘れないでほしい。舟底の板一枚の下は死の海であることを。死の海に浮かぶ生の小舟であることを。

忘れないでほしい。その小舟を、昼は太陽や雲が、夜は月や星が見守っていてくれることを。

忘れないでほしい。大波小波さかまく人生の荒海は、そのままあなたを浮かべ包む大悲の海でもあることを。そしてその生死の海をまちがいなく越えていくために、先達たちが遺《のこ》してくれた梶も、しるべもあることを。

花材◉黒ろう梅／鉄線《てっせん》

花器◉青竹の沓舟

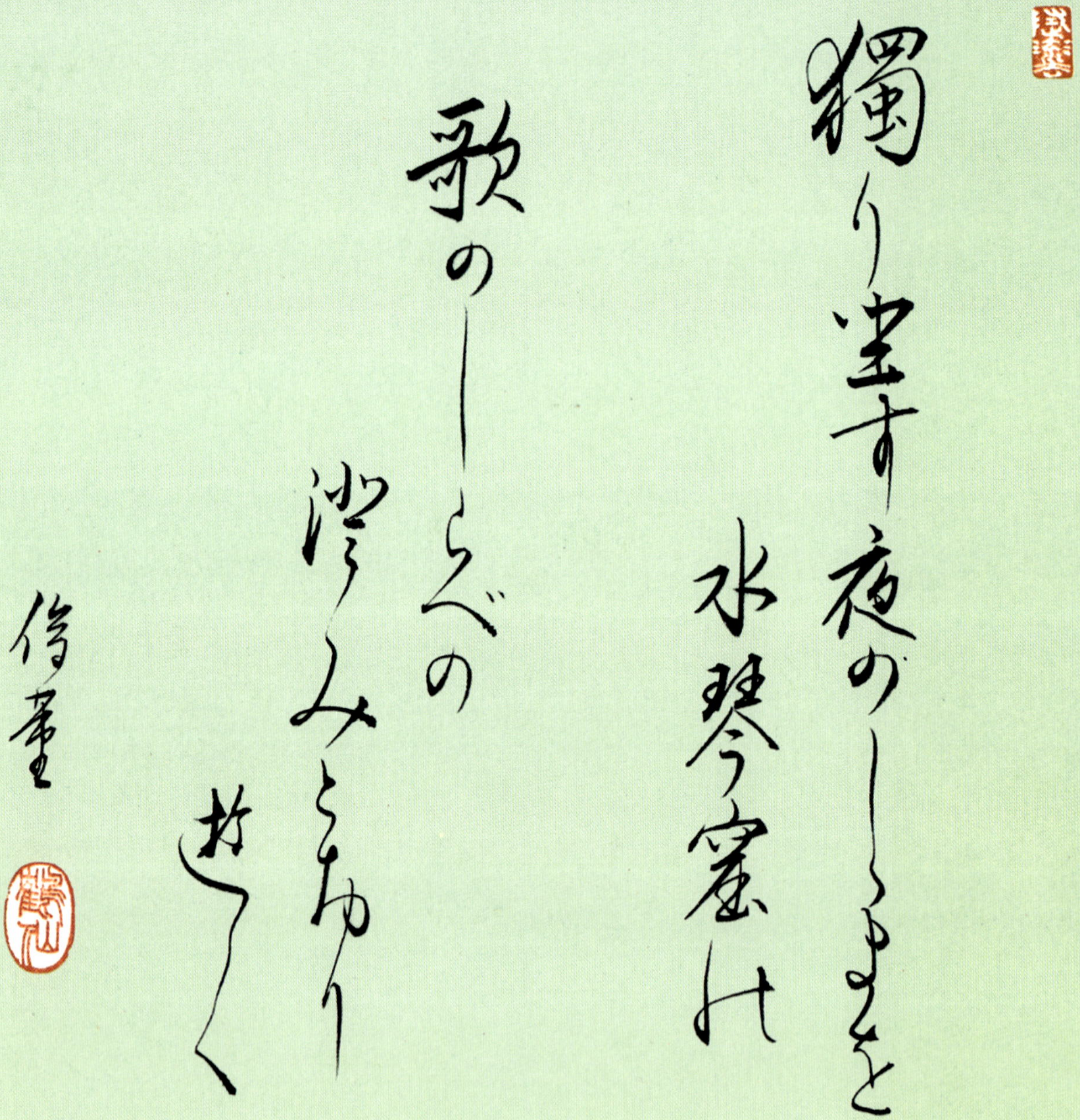

獨り坐す　夜のしじまを　水琴窟の
歌のしらべの　澄みとおりゆく

夏

炎の人、ゴッホを偲んで

「ちくしょう！　なんて美しいんだ！」

ゴッホは、破れた靴、破れた帽子、なんでも手当たり次第に描いた。ゴッホの手にかかったものは、みな炎となり、天に向かって燃え上がる。ひまわりが燃える、オリーブの畑が燃える、野山が燃える、川やはね橋までも、メラメラ、ユラユラと燃える。

ゴッホははじめキリストに殉じて生きる聖職者であった。貧しい人々の救済のために、文字通り一途に命を燃やして奔走したのだが、逆にそのことが同業者からうとまれ、あるいは誤解され、ついに僧衣を剝脱されて追放される。しおしおと教会を出ていくゴッホの後ろ姿を見送りながら、一人の神父はつぶやいた。「もしかしたら、ゴッホは神の御使いであったかもしれない……」と。

神の福音の伝道者、実践者として命を燃やすことができなくなったゴッホは、絵に、恋に命を燃やした。

オランダに数日遊び、ゴッホの絵の原風景にふれたとき、私の心は震えた。農民は今でも木靴をはき、はき古した木靴は植木鉢や花器に変身し、そこここに飾られていた。早速私も、染めつけふうの木靴を一足求めて帰った。

お茶会が雨になった日、私はいそいそとこの木靴を出し、掛け花入れに見立て、破れ傘をかざすように入れ、下に雪笹といかり草を雨宿りさせた。

ゴッホではないが、雨のおかげで、命燃えた茶会の一日であった。

花材◉破れ傘／雪笹／いかり草
花器◉オランダの木靴

根や茎の養いをこそ

鉄線の花を見ていると人間の身勝手を思う。蕾をもたげはじめると毎日のように足しげく通い、花を咲かせている間じゅうは大事にするのに、咲き終えて、特に冬など、ふりむきもしない。人によっては「まあ、枯れちゃったのかしら、さびついた鉄線みたいね」と言って、刈ってさえしまいかねない。

　古い枝にのみ花を咲かせることができるというのに。花も葉も何もないときの、根や茎の養いこそ大切なのに。その結果としての花であるのに。結果だけを欲しがり、結果だけを賞める人間のわがままと、視野のせまさを思う。

　人の一生の上においても、同じことが言える。その人がいわゆる成功をして、人々にもてはやされているとき、蜂が蜜にむらがるように集まってくる。そういうのを古人は「門前市をなす」と言った。

　反対におちめになってゆくと人々は離れてゆく。対照的な言葉に「門前雀羅《じゃくら》を張る」というのがある。そういうときのその人の生き方、あるいは、そういうときこそ友の真価が問われるときと言えよう。

　道元さまも「花は愛惜に散り、草は棄嫌《きけん》に生《お》ふるのみなり」とおっしゃった。同じようなことに気づいておられたのであろうか。

　鉄線の花を見るたびに、自分の身勝手を思う。

花材◉つくばね鉄線／糸すすき
花器◉鵜籠《うかご》

花材◉紫陽花
花器◉漬物の瓶

無常は命の働きの姿

おおかたの花たちが、雨に打たれると、色あせ、うなだれ、散り乱れてしまうのに、あなたは、降るほどに元気になるんですね。

あなたを見ていると、雨降り校長と呼ばれた東井義雄《とおいよしお》先生の言葉が思い出されます。

「雨がさけられない以上、むしろ大手をひろげて雨を〝ようこそ〟と受けとめ、雨が降ってくれたおかげで、こんな生き方ができたというような生き方がしたい」

紫陽花《あじさい》は、だんだん色が変わってゆくからといって、嫌う人がいますね。この世に変わらないものがあるんでしょうか。変わるからいいんですね。いつまでも赤ん坊では困るし、いつまでも青年では困ります。

人は変わらないことを願い、常緑樹などといって、松や杉を愛しますけど、いつも緑きりというのもさみしい。

春の芽吹きの、たとえようもないあでやかな美しさ、夏のむせぶような深い緑のたのもしさ、最後の命を真紅に染めあげて、散りゆく紅葉の悲しさ、そしてすべてを捨て果てた裸木のしずけさ……。落葉樹なればこその、このゆたかな変化を味わいたいのです。

無常は、命の働きの姿であり、この世の荘《しょう》厳《ごん》でもあるんですね。

花材◉紫陽花／稚児笹
花器◉カットグラスの果物皿

白ははじめの色 そして終わりの色

娑羅《さら》椿がこぼれる。ホロホロと。地上を雪のように飾りながら。

白ははじめの色であるとともに、終わりの色。生まれたばかりの幼児《おさなご》は、真白な産着に包まれて、心も無垢そのもの。

お嫁にゆくとき、過去のすべてを洗い捨てて、白無垢でゆき、また新しい仕事につくとき、真新しい気持ちで立ちむかい……。

この世に〝さよなら〟をつげるとき、白の経かたびらに包まれてゆく。

生と死の中間にあって、ゆきづまり、とまどったとき、この初一歩にかえってみよう。ゆくべき道が見えてこよう。

すべてを捨て、この体さえも捨てて逝く日に思いを馳せ、そこより立ち返って今の生きざまを考えてみよう。何が大切か、どうしたらよいかが見えてこよう。

時間を戻すことができない限り、人生をやりなおすことはできないが、見なおし、出なおすことはできる。

釈尊の最期を見守った娑羅双樹の、その名をいただいた娑羅椿の、白を見つめる。

花材◉娑羅椿
花器◉ごま竹

どっちもいいよ

梅雨どきになると掛けるお軸があるんですよ。蛙さんがね、大きく葉を広げた蕗《ふき》を傘のようにかざしている絵が描かれ、「雨奇晴好」(雨も奇なり晴れも好し)と賛《さん》がしてあるんですよ。日傘にもなれば雨傘にもなる。〃どっちもいいよ〃と言っている声が聞こえてくるようで、うれしくなってしまうんですよ。

お軸の前で一人悦に入っていると、玄関にお客さんがいらっしゃったらしい。「さんざん待った雨だけど、二、三日降るともういやになってしまいますね」という声が聞こえてきました。

とたんにひとつの句を思い出しました。「祈雨求晴」(雨を祈り晴れを求む)というんです。はじめの句と正反対ですね。晴天が続くと降ればいいなあと言い、少し雨が続くと晴れるのを待ちこがれる。人間は勝手なものです。

破れ傘なんて、おもしろい名前をいただいたんですね。「大きな破れ目がたくさんあるおかげで、大空の景色がたのしめる」と、紫陽花はよろこんでいることでしょう。

花材◉破れ傘/紫陽花(墨田の花火)
花器◉大シャコ貝

つかの間の命なればこそ

露草《つゆくさ》。空の青、水の青をその花弁に染め出し、朝露の葉ごとに宿るつかの間を咲くこの花に、露草という名をつけた人の心憎さ。

美しく、そしてかなしい名前である。だからこそまた、うれしい名前でもある。

早朝の客のもてなしに、私は好んでこの花を生ける。水滴か爪楊枝入れに。心ある客ならば、露にぬれて咲く露草のひとときの命の輝きに魅せられて、歓声をあげる。お茶をすすめ、しばらくおしゃべりをしているうちに、おおかたはしぼんでしまう。

やがて死すべきものの
いま命あるはありがたし（『法句経』）

お釈迦さまのこの言葉のお心も、ここにあるのであろう。ひとたび散ったら、ふたたび開くことのない命、露の間の命なればこそ、限りなく美しく、いとおしいのである。

色あせ、ほこりにまみれ、いびつにゆがみつつ、散ることもできずに残骸をさらしつづけねばならないホンコンフラワーではないことのうれしさ。死なきものには生もないのである。死の恵みありてこそはじめて与えられる生のよろこびなのである。

人々は老いを恐れ、死を忌み嫌い、それを言葉にのぼせることをさえ拒否しがちである。しかし、老いや死から目をそらしたとき、生をも見ることができないものであることを忘れてはならない。

老・病・死を凝視し、そこに腰を据え、そこから振り返って生を見るとき、はじめて「いま命あるはありがたし」と、瞬時に輝く命のきらめきを受けとめることができるのである。同時に、そこにおいてもっとも大切なことは何か、とるべき生きざまは何かも、わからせていただけるものなのだと思う。

花材◉露草
花器◉木曽ひのきの爪楊枝入れ

木曽路

花材◉桔梗《ききょう》／半夏生
花器◉ガラスの一輪ざし

暑さをたのしみ寒さをたのしむ

七月の声を聞くと、間もなく半夏《はんげ》の季節となります。それまで緑一色だった半夏生《はんげしょう》が、不思議不思議、峰の葉を二、三枚、真白に染めかえるんですよ。体内時計じゃないけれど、体内暦を持っているんでしょうね。半夏生を団扇《うちわ》の端にそっと飾ってみました。利休さまの声が聞こえてきます。

夏は涼しく、冬あたたかに、
茶は服のよきやうに……。

この言葉は、現代風に、夏はクーラーを入れて涼しく、冬は暖房を入れてあたたかく、ということではないんですね。夏はいかにも涼し気に、冬は心までもあたたまるようなもてなしを、ということではないでしょうか。

団扇型の菓子器に涼し気な菓子、白青磁かギヤマンの平茶碗に心こめて点《た》てられた一服が出されると、夏ならではのよろこびに胸がワクワクいたします。

つくばいにあたたかいお湯が出され、蒸したてのおまんじゅうが、あたためられた器に盛って出されなどすると、冬を演出する御亭主の心意気に、拍手をおくりたくなります。

暑さ、寒さを避けるのではなく、積極的に暑さ寒さをたのしんでゆく、これが利休さまのお心なのでしょう。

花材◉半夏生（片白草《かたしろぐさ》とも）
花器◉団扇型菓子器

人を傷つけないように

私はどくだみの花が大好き。

谷川のほとりや木の下陰に、小さな真白い十字の花を見つけると、なつかしい人に再会できたようなよろこびをおぼえ、思わずかけよってしまう。

まださげ髪の幼き日、訪れる友の部屋へ飾ろうと、道の辺でそっと摘んだ一、二輪のどくだみ。そのあまりの清楚さに心をワクワクさせながら友にさし出したとき、友は言った。「花はかわいいけど、においがよくなくてね」と。ついに部屋へは飾ってもらえなかった……。私は私自身がけなされたように悲しく、そして傷ついた。

あれから半世紀近くも経とうというのに、どくだみの花を見るたびに、そのときの友の言葉がよみがえり、私の心の傷は小さく痛む。そして思う、人を傷つけるような言葉をだすまいと。

私はどくだみの花が好き。だから畑や庭へはみ出しても、そのまま大事に育てている。ある年、庭掃除に来てくれた人が、にくにくしげにみな抜きとり、きれいに掃除をしていってくれた。堆肥の上に山積みされて、しおれているどくだみを見つめて、私は「ごめんね」とつぶやいた。都合のいいときだけ、薬などと呼んで、〝手を切った〟〝虫にさされた〟〝胃腸の具合が悪い〟と、そのたびにお世話になったり、根はきんぴらに、葉はてんぷらにと重宝したりしているのに、「人間の勝手を許してね」と。

どくだみの花の白さに夜風あり　　淡路女

花材◉どくだみ
花器◉庭石

深まるほど謙虚に

松はみな枝垂《えだた》れて南無観世音

枝垂《しだ》れている草花や木を見るたびに、私は山頭火のこの句を思い出します。枝が南無観世音と言っているのではなく、大いなるものの前にひざまずく山頭火の謙虚な心が、すべてをそのように感得しているのです。

「宗教は心がきれいになるために聞くのじゃない。汚い自分を見せてもらうために聞くのじゃ」とは、米沢英雄先生のお言葉。

大いなる光に照らされなければ、汚い自分は見えません。エゴのかたまりである自分に気づくことはできません。ちょうど節穴から射し込んだ光の束の中には、浮遊しているほこりがいっぱい見えるように。

私の中の、私自身さえも気づいていない罪やほこりに気づくことができたとき、深い懺悔の思いが湧き、同時に、それを照らし出し、見せてくださった光に掌があわさります。それが「枝垂れて南無観世音」の心であり、「寂」のきわみの心でもあるのでしょう。

花材◉唐糸草《からいとそう》
花器◉釣瓶《つるべ》の水さし

寂

闇ゆえにこそ美しく

昼のいとなみを終えて、しずけさがこの世に戻るころ、夕闇がすべてのものを墨染色に包みはじめるころ、深い眠りから醒めたように、花を開かせる待宵草《まつよいぐさ》。

待宵草の名は悲しい。待つだけでは悲しい。月と出会い、月の光をうつしてこそ、あの淡い黄の色があるはずなのに。

夜、すべてのものが深い眠りにおちているしじまを、ひっそりと飾ってくれる月見草。瞑想の夜を深め、孤独の夜をなぐさめてくれる月見草。

人々は闇を嫌うが、闇ゆえにこそ、美しさが一層深められていることを忘れまい。

闇を恐れて夜を失い、孤独を恐れて光と喧《けん》噪《そう》の中へ逃げこみ、自分を見失ってしまっている現代人に、待宵草よ、月見草よ、夜の安らぎを、瞑想の深さを、孤独の悲しみを、教えてやってほしい。

花材◉待宵草　ほか
花器◉釣瓶

授かりの姿におちつく

ある日、利休さまは藪内紹《やぶのうちじょう》智《ち》に招かれて、茶会に赴かれました。床の間には水ばかりの花入れが飾ってありました。

「何か花はなきか」と問うと、「庭に姫瓜の花咲きてはべれども、生けられさうなものとも見えず、その他何もはべらず」との答え。

「さてさて紹智、それは至らぬことじゃ」とて、利休さまは床柱に釘を打って花入れを掛け、姫瓜の一茎を切ってきてお入れになりました。蔓はおおらかにのびて床近くまで垂れさがり、えもいわれぬ風情であったと伝えられております。

姫瓜ならぬ南瓜《かぼちゃ》が畑じゅうをわがもの顔に蔓をのばし、道まではみ出しておりました。ちょっといただいてきて、そのままの姿を梅干しの籠に移しました。

利休さまは「花に法度《はっと》（生け方・約束）をいふは初心のためなり」とおっしゃいましたが、人間の約束などはどうでもいいんですね。授かりの姿は、どれもこれもほんとうにすばらしい。こざかしい人間のモノサシをかなぐり捨てて、授かりの姿に導かれ、授かりの姿におちつきさえすればよいのですね。それを成仏というのじゃないでしょうか。

花材◉南瓜
花器◉梅を干す籠

花材◉ふとい／こうほね／睡蓮
花器◉広口の水盤

人生を一瓶の花に生ける

　知人が庭の池に咲いたと言って、ふといと睡蓮《すいれん》を届けてくれた。広口の水盤に水を張り、思いきり丈高くふといを生け、根元に切り株を添え、睡蓮を水面に浮かせ、最後にふといの一本を折った。手伝いながら眺めていた雲《うん》水《すい》の一人が思わず叫んだ。

「あ！　わざわざ折るんですか？」

「そう、風に折れた姿を、景色としてたのしむんでしょうね」

　目をまるくして感心している雲水たちに、そして自分自身にも言い聞かせるように、私は日本の花の心を語った。

「風折れ、それを人生にたとえたら挫折ということになるかしら。切り株は痛みでしょうか。

　かきつばたなどは四季のうつろいを生け分け、晩秋にはつぼみや開花のほかに、咲き終わった花や先枯れの垂れた葉などを生けこみ、ゆく秋の名残を惜しむんですね。おもしろいと思いませんか。つぼみを生け、開花を生け、さらに風折れや病葉《わくらば》をたのしみ、枯れ枝や枯れ葉を大切にする日本の生け花の姿を。そしてそういう花道を生み出した日本人の心を。

　一瓶の花に人生を見る。人生を一瓶の花に生けこむ。そういうことなのでしょうね」

花材◉かきつばた
花器◉青竹

　天を突くほどに希望に燃え立つ若き日もある。らんまんと咲きほこるときもある。実り豊かな秋、凋落の晩秋、予期しない嵐に挫折することもあり、病に倒れねばならないときもある。どのような晩年、どのような死が待っているのかもしれない。そのすべてをよしと大肯定の中に受けとめて生きる。その生きざまを一瓶の花に象徴したのが、日本の花道ではなかろうか。

　道元禅師は「四運を一景《いっけい》に競ふ」とおおせられた。四運とは春夏秋冬のこと、人生の上から言うと生老病死《しょうろうびょうし》や喜怒哀楽、さまざまに織りなす人生の綾模様のすべてを、同じ姿勢でたのしみ味わってゆけとおおせなのである。

命は時にあずけられて

睡蓮の花を生けるたびに思い出す言葉があります。「命は光陰にうつされて、しばらくもとどめがたし」という道元さまのお言葉です。命は「時」にあずけられてのみ存在するのだということを。そしてその時とともにある命の姿に随順《ずいじゅん》して、目覚めたり睡《ねむ》ったりする睡蓮の姿に感動をおぼえるのです。

花の姿をたしかめてからと思い、息をつめて池辺に開花を待ちます。午前十時を過ぎたころでしょうか。開きはじめます。池に入り、蕾や開花や、巻葉や浮き葉を、とりどりに切りとり、ようやくにして生け終わり、やおらカメラに納めようとする頃には、早くもしぼみ出してしまうのです。

睡蓮は別の名をひつじ草と呼び、ひつじの刻（午後二時頃）にはしぼみはじめるからこの名があるとか。〝ちょっと待って！　あなたを写真に撮るために朝から苦労しているんだから、もう少しがんばって咲いていて！〃と叫んでみても、サッサと未練気もなくしぼんでしまいます。

人間の勝手な思いと関係なく、天地の時の流れにしたがって私心ない睡蓮の姿に、カメラに納められなかったくやしさとは裏腹に、感動を覚えるのです。

花材◉睡蓮
花器◉つくばい

人間は時とともにある命の姿を忘れて、自分の都合によって夜明けまで起きていたり、昼間じゅう寝ていたりというわがままをしますが。それでも人生のしめくくりのときだけは、〝ちょっと待って〟と思いつつも、「時」にしたがって逝きますね。

花材◉昼顔
花器◉庭石

「時」の足音——一期《いちご》一会《いちえ》の心

しずかに！　おしゃべりや動きを止めて、息をこらし、耳を澄まして聞いてほしい！「時」の歩みの足音が聞こえる！

あなたの到着を待って花開く朝顔となり、あなたの帰りを待たずしてしぼむ昼顔となって、歩み去る「時」の足音を！

ふたたび帰ってこない、決して二度と聞くことのできないその足音を！

あなたの命、私の命も、その同じ「時」にいだかれて歩んでいる。しかも、いつその歩みに終止符が打たれるかわからない。

明日かもしれない。いや今日かもしれない。一瞬あとかもしれないその命と命が、今ここに、こうして出会うことができたよろこびを、大切にしよう。

心ない風のために破れてしまった花びらを、つくろうことができる針はないのだから。

ついてしまった傷はそっとあたためあおう。傷があることで、もっとあったかい世界が、広がってゆくように。

命の賛歌

むせぶような緑に踊る真夏の太陽。じいじいと油蟬にさそい出された汗が、滝のように背筋を流れ、足元の土に吸い込まれてゆく。そんな夏を、わが世とばかりに謳歌して咲く藪《やぶ》かんぞう。

それは、刈られても、いや刈られるほどに深く根を張る、たくましい命の賛歌。草刈り器の力を借りて、ようやく刈り、冷房の部屋でへこたれている人間どもを尻目に、たちまち背丈をのばし、まぶしい真夏の太陽に向かって、原始のままのおおらかな命を謳歌する。

人間は、欲望という名の、終着駅のない列車を走らせ、自然を征服し、人間さえも試験管で作ろうとしている。

だが、その旅の果て、人類は疲れ果て、道づれにさせられた草木や、果ては地球までも、人類のまき散らす公害の巷であえいでいる。

藪かんぞうたちの奏でる歌、それは、疲れはて、帰る道を忘れた者たちに贈る、魂の古里よりの呼び声でもある。

花材◉藪かんぞう／いたどり
花器◉野菜籠

花材◉梅鉢草
花器◉唐銅の瓢型水滴
花材◉えんびせんのう／めひしば
花器◉萩の水滴
花材◉白山ふうろ／白花ほととぎす
花器◉独楽の水滴

花は野にあるように

千利休は茶花の入れようを「花は野にあるように」の一言で示された。私はこの一言に、人間のこざかしい作為《さくい》をかなぐり捨てて、大自然の前に謙虚にひざまずく利休の姿をみる。

茶花は「生ける」とは言わない。「入れる」と言う。「生ける」という言葉には、おのれの技を恃《たの》む人間が、花の前に立ちはだかり、花は人間の妄想の後ろに影をひそめてしまっている。

「入れる」というところには、「生ける」者の姿はなく、あるものは花のみ。それが野にあるように入れるという花の、願わしき姿なのではなかろうか。「お花の入れ方を教えてください」と言う人に、私はよく言う。「お花に尋ねなさい」と。

屋敷や畑の雑草を抜きながら、私はしばしばその雑草のつけている花の美しさに見ほれ、屋敷を美しくするため、野菜を作るためという人間の身勝手のために、情ようしゃもなく抜き捨てる人間の横暴を思う。「ごめんなさい」と心につぶやきながら、それらの草を抜き、その中から一、二本を持ち帰り、小さいながらも天地いっぱいに、ほこらかに咲く草

花の美しさを、逆立ちしても及ぶべくもない天地の造化の妙を、どうやって水滴に、楊枝入れに移そうかとオロオロする。

不慮の事故で手足の自由を失い、口に筆をくわえて詩や花を描きつづけている星野富弘さんの詩に、「この花を描いてやろうなどと思っていたことを高慢に感じた。〝花に描かせてもらおう〟と思った」というのがある。私も「花を入れる」のではなく「花に入れさせていただく」そんな思いで、ただひざまずくのみである。

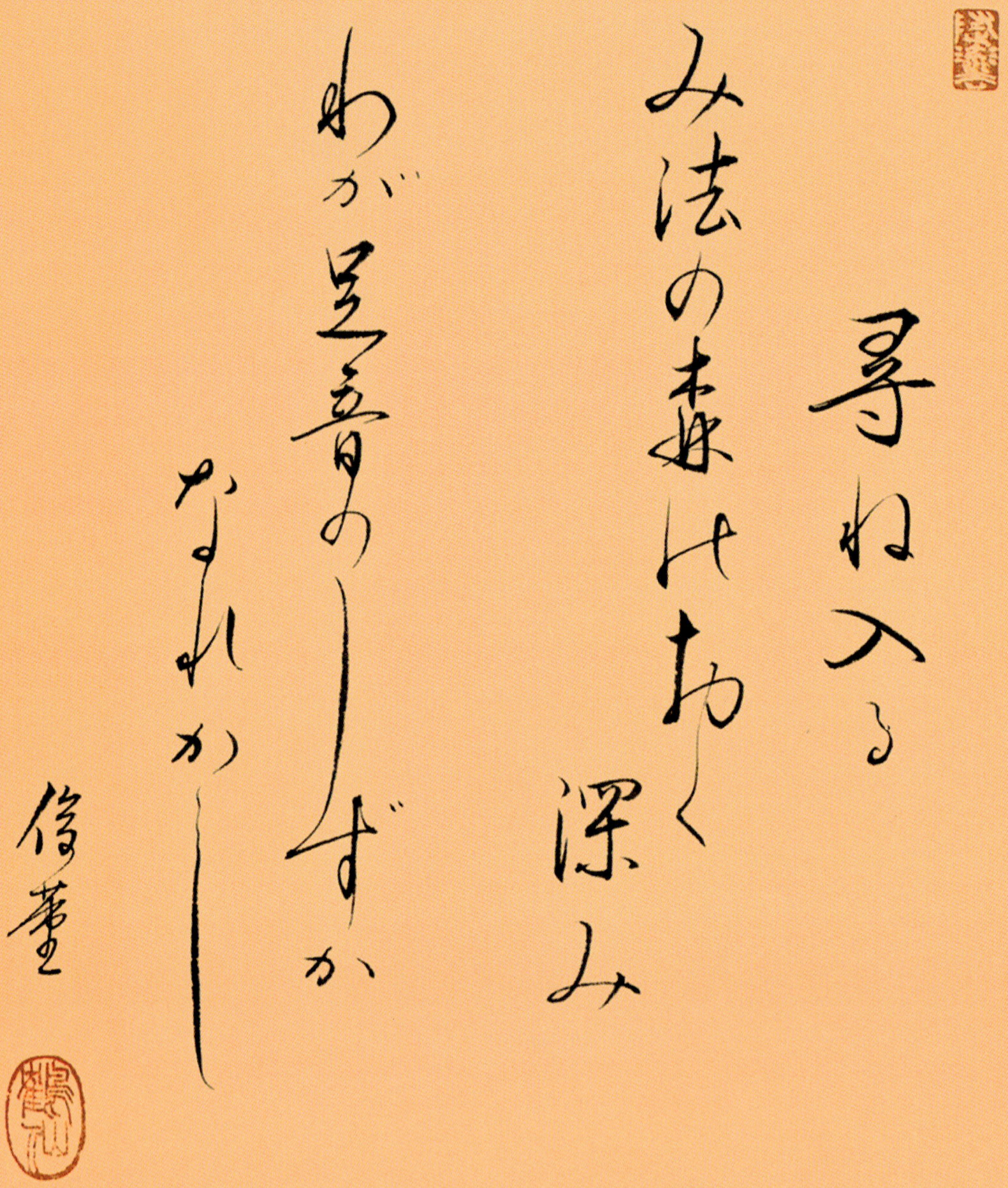

尋ね入る　み法の森の　おく深み
わが足音の　しずかなれかし

秋

えのころ草の思い出

思い出しますね。

四百年前、太閤さまが朝鮮出兵のため、九州の名護屋《なごや》に本営を置かれたことがあるのですよ。そこで太閤さまは、あいかわらず茶の湯をたのしまれましてね。

そこの茶室の床に、私を入れてくださったんですよ。世の人々は、雑草とけなし、目にもかけてくれない私たちを、太閤さまは御自分の床の間の花入れに入れてくださったんですよ。

そのときの正客《しょうきゃく》が九州の豪商の神谷宗湛《かみやそうたん》。その正客をお茶室へ招じ入れるときの太閤さまのお言葉がまたふるっていて、たった一言、

「入れや」

格式ばって借りものの言葉で、京風に「御入り候へ」なんて言わないところが、実にいいですね。

生涯、野の香り、土のぬくもりを失わなかったところが……。

花材◉えのころ草／蓼《たで》／野菊

花器◉蝉籠

露を生ける

利休さまは語られた。

「露なき花は見どころのなき」と。

紫の花にやどれば紫に、紅《くれない》の花にやどれば紅に、緑の葉にやどれば緑に、と、相手の色にみずからを染めながら、相手をより美しく荘厳する露。

　みずからの色や姿を持たねばこそ、やわらかく、透明であればこそ、すべての上にやどり、やどったものを息吹きかえさせる。といって、露の姿がなくなってしまったわけではない。露自体は依然としてまるく、そして透明だ。

　道元さまは語られた。

「自にも不違《ふい》なり、他にも不違なり。人間の如来は人間に同ぜるが如し」と。みずからにもそむかず、他にもそむかずして、相手を救ってゆく菩薩の誓願を、あかつきの光にきらめきながら葉末《はずえ》葉末にやどる露の姿に見る。

花材◉釣舟草の黄
花器◉河童の水滴

釣舟草に寄せる想い

釣舟草にはなつかしい想い出がある。まださげ髪を長く三つあみにしていた十二、三歳の秋の夕暮れ。一日の畑仕事を終え、土で汚れた手足を洗おうと、近くの小川に降りた。赤い夕日を映してキラキラと流れる小川の水面をおおうように、たくさんの釣舟草が咲き乱れている。

　ふと、一匹の赤とんぼが飛んできて、釣舟草の紅《あか》い花に止まった。しぶきで釣舟草がゆらりとゆれ、とんぼはつと離れ、また止まり、またゆれて離れ……。足を洗うことも忘れて眺めていた私の頭に、ふと生まれてはじめて短歌らしきものが浮かんだ。

　足洗う岸に指輪の花咲きて
　　とんぼはなれつまた止まりけり

村の子供たちは、釣舟草という本名を知らず、指輪の花と呼んでいた。その花をさかさまにして指にかぶせると、小人のとんがり帽子のように見えるので、子供らはそんなふうに呼んだのかもしれない。

　春はたんぽぽや犬ふぐりの花にかざられ、夏は葦や石の間に蟹を遊ばせ、秋はすすきの穂やあけびの蔓をひたし、冬は氷の芸術を水面に刻みながら流れていたこの小川も、昨年は護岸工事の美名のもとに無表情なコンクリートの河床となり、絶壁の岸となってしまった。

　大人さえも容易に流れに手をひたすこともできない姿に変貌してしまった川の岸に立って私は思う。文化とは人間の身勝手で大自然を破壊してゆくことなのであろうかと。

花材◉釣舟草の紅と黄／水引草／つりがね人参
花器◉背負《しょこ》い籠

そのやさしさが
その淋しさが
そのしずけさが
好きなのです

宮城野の露吹きむすぶ風の音に
小萩がもとを思ひこそやれ

遠い昔のこととなりました。学生のころ、『源氏物語』のテキストが原本の変体仮名で、苦労しながらこの歌を読んだので覚えております。

万葉の昔から春の桜とともに、萩は花の代表として、日本人の心の深くに息づき、親しまれてきました。

私は花ならばどんな花でも好きですけれど、その中でも萩の花は特に好きな花のひとつと言えましょう。そのやさしさが、その淋しさが、そのしずけさが、好きなのです。そのひかえめなところが、そしてほろほろとこぼれる姿が、いとおしいのです。

しかも、朝早く、露の間に切って生けても、午後は未練気もなく色あせてしまうという命のはかなさ。だからこそ、心して生けて迎えたその客が、白萩の前にややしばらく坐りつくし、感に堪えないといったおももちで、「私のために生けてくださったのですね……」とおっしゃってくださった言葉も、深い深いものとなるのです。

願わくは箱根の萩を露のまま

という句をそえて、一枝の萩をとどけてくださった友のことも、忘れられないことどもです。

花材◉白萩《しらはぎ》／秋海棠《しゅうかいどう》
花器◉釣瓶

毎日を本番として

秋が高原から里へとおりてくるころになると、空気が日毎に透明になり、陽射しもすみれ色をおびてまいります。その光の中で、夏草や秋草たちが、庭いっぱい、畑いっぱい、山道いっぱい、田の畦道いっぱいに、花の饗宴をくりひろげてくれます。

九月十三日は表千家中興の祖といわれた如《じょ》心斎《しんさい》宗匠《そうしょう》の御命日。お徳を慕い、宗匠お好みの葭《あし》の六曲屏風に草々を生け、手向けといたしました。あちらからもこちらからも呼びかけてくれる花の声に、心をわくわくさせながら、いそいそと、おろおろと……。

如心斎宗匠は八代将軍吉宗や名町奉行の大岡越前守と同時代に活躍し、三人とも同じ年（寛延四年）に亡くなっているんですね。

常を茶になして、茶に臨んであらたまらぬやうに

これは如心斎宗匠が弟子の横井淡所に与えた言葉だそうです。〝毎日の生活そのものを本番の思いで大切に勤め、本番のときは平《へい》常底《じょうてい》で勤めよ〟というのです。如心斎より半世紀ほど前に出た俳諧の松尾芭蕉の言葉に、

句作になるとするとあり。内をつねに勤めて物に応ずれば、その心のいろ句となる。内をつねに勤めざるものは、ならざるが故に私意にかけてするなり。

というのがあります。相通う心を感じますね。毎日の、毎時間の、刻々の生き方こそ大切であり、その総決算が一瓶の花となり、あるいは一句となるというのです。

花材◉風船かずら／撫子《なでしこ》／桔梗／金水引／更紗《さらさ》水引／藪みょうが／釣舟草の紅と黄／藤袴／秋海棠／葛／むくげ／黄蓮華しょうま／蔓藤袴　ほか
花器◉青竹

愛ゆえにこそ叱り
愛ゆえにこそ打つ

いつか僕が悪さをした時
父は怒った　本気でなぐった
そしてだまって僕を見つめた
そのとき見たんだ　父の涙を
僕は父にしがみついたんだ
　本気でなぐった父の胸に

これは中学二年生の男の子の詩である。えみこぼれる栗のいがを見ていると、こぶしをふりあげて打ってくれる父の姿と、涙してかきいだいてくれる母の姿を思う。

愛ゆえにこそ打ち、叱り、つきはなさねばならないときがある。こぶしの中に秘められた愛のぬくもりを、かえすこぶしでぬぐう涙の中に秘められた愛の深さを、見落としてはならない。

〝どうなってもよい〟と思えば、叱りはしないのだから。何とかなってほしいという、愛と祈りがあればこその叱りなのだから。

忿怒の姿をとらないではおられない仏の慈悲を思い、仏を怒らせないではおれない、悲しい凡夫の私を思う。

花材◉栗のいが／野菊／蓼
花器◉箕《み》

はるかなる紫の旅路

野牡丹の深い紫を見つめていると、いろいろの声が聞こえてきます。

紫を染め出すために犠牲になったプルプラの貝のなげきが、地中海の潮騒とともに聞こえてきます。二千個の貝からようやく一グラムの色素がとれるというのですから。

紀元前三千年前にフェニキヤ人によって見つけ出された紫は、高価のゆえにやがてロイヤルパープル（王室の紫）と呼ばれ、高貴の代名詞となりました。

紫のうすものをまとい、紫の冠をいただき、多くの王の寵愛を一身に集めたクレオパトラの微笑や、その周辺に立ちのぼる賞賛や羨望の声も聞こえてきます。中国の春秋時代の聖人、孔子のなげきも聞こえてきます。

紀元前三千年のころ、理想の王として世に出られた黄帝。その名の示すように中国での色の最高は黄でした。黄は太陽や光明や黄金を象徴する色ですから。その中国に紫が入り、黄の上にのっかってしまったからです。

玄海灘を越え、シルクロードの終着駅、日本の法隆寺にたどりついたとき、プルプラの貝のなげきは消えました。紫草の根によって染め出されるようになりましたから。

徳をたたえて紫衣を贈られた中国の徽宗《きそう》皇帝や寧宗《ねいそう》皇帝のお声も、そしてせっかくの皇帝のお心もかたく辞退され、清貧に徹して生きられた芙蓉高祖《ふようこうそ》や如浄《にょじょう》さまなどのすがやかなお声も聞こえてきます。

紫が高貴を象徴する色であったばかりに、人間の欲望を源とするさまざまな想いが、業のように湧き起こり、つきまといつづけて、今に至りました。紫紺野牡丹《しこんのぼたん》は一日で散ります。ハラリといさぎよく。つまらない人間のオモワクをはらいのけるかのように。

花材◉山ぶどう／野菊
花器◉尺八型掛け花入れ

花材◉紫紺野牡丹／藪みょうが／水引草
花器◉鬼萩

吾《われ》も亦《また》紅《くれない》に

吾亦紅《われもこう》すすき刈萱《かるかや》秋くさの
　さびしき極み君に送らん

　これは若山牧水が、後に妻となった恋人喜志子に贈った歌である。秋草はどこかさびしい。さびしいから品数多く入れてもよいことになっている。

　私はかつて、いわゆる秋の七草から洩れてしまった花たちの中から、さらに七種を選び「私の秋の七草」と題して一文を草したことがあったが、そのひとつに吾亦紅がある。「吾亦紅」と書くということを知ったのは中学一年、十三歳の頃のこと。その頃、学校では壁新聞がはやり、みな自分の好きな花の名のペンネームで、競って投稿した。その中に「吾亦紅」というのがあったのである。

　おどけた姿で、しかしながら目立たずに咲く吾亦紅の名が、「吾もまた紅」と書くとはなんともうれしく、私もまた、私の力なりに紅に燃えて咲きつくしたいものと、少女心に思ったことであった。

　吾亦紅の名のほんとうの由来は、茎葉に香気があるから「吾木香」の字があてられたとか、インド産の木香の姿に似ているとか、さまざまあるが、私は「吾亦紅」の字が好きである。

　たった一度の人生を、やりなおしのきかぬ、とりかえのできぬ人生をいとおしむあまり、いかなる火もて燃やしつくさんかと、尋ね尋ねて、ゆきついた果ての姿が尼僧となった。

　〝法然上人にすかせまいらせて地獄に堕ちるとも悔いない〟とまで法然上人に惚れぬいたのは親鸞聖人。私もまた赤き血潮をたぎらせ、仏法に、お釈迦さまに、道元禅師に惚れぬいて、生々世々《しょうじょうせせ》この道を歩ませ給えと願うことである。

花材◉吾亦紅／水引草／藤袴《ふじばかま》／松虫草《まつむしそう》／あざみ／女郎花《おみなえし》／とりかぶと／すすき／みそはぎ／秋の麒麟草《きりんそう》　ほか
花器◉桑摘みの背負い籠

真も美も真心も国境を越えて

「ボン・ニュイ」

一日の祈りを終えたシスターたちは、声にならない声でそっとささやき、黒の僧衣の裾をなびかせながら、アーチ型の扉の中に姿を消していった。そうでなくても静かな沈黙の僧院が、一層深い沈黙の夜の中に沈み、月影だけが、木立を、屋根の甍を、そして夜露にぬれた草ぐさを照らし出していた……。

うなだれがちに咲く上臈《じょうろう》ほととぎすに、のびやかなあけびの蔓を添え、ベネツィア・グラスの燭台にそっと入れる。彼の地を訪れたとき、ひとめぼれして求めて帰ったのだが、とうとう花入れにと変身させられてしまった。

お茶室の櫛型の給仕口にそっと置き、前に坐って見つめる私の脳裏に、思いがけなくもベルギーの修道院での生活が次々とよみがえってくる。

「真理はひとつ、切り口の違いで争はぬ」の一言を心に刻んでの朝夕であったが、真理ばかりではない、美も、真心も、民族を越え、国境を越え、すべての垣根を越えて、ひとつに溶け合い、深まりあっていくものだということを改めて思ったことである。

花材◉上臈ほととぎす／あけび
花器◉ベネツィア・グラスの燭台

悲しみに導かれて――鬼子母のなげき

打ちわられたような姿に石榴《ざくろ》がわれ、ルビー色の実が透明な秋の陽射しの中に踊る。

鬼子母神さん。

あぁ、あなたは何という悲しい名前をいただいているのでしょう。右手にお持ちの石榴は、お釈迦さまからちょうだいしたんですってね。あなたがお釈迦さまと出逢うことができた因縁を聞かせていただきました。

人の子を奪っては食べ、鬼女と恐れられていたあなた。お釈迦さまはあなたを救いたいと、ある日、あなたの最愛の子を、連れ去りました。狂乱したあなたは子を探して野山を駆けめぐり、悲しみのあまり、やつれはて、お釈迦さまの前に身を投じ、救いを求めたのです。お釈迦さまはしずかに語りかけられました。

「大勢ある子供の中の一人を失っただけでもそれほどに悲しい。たった一人しかいない子供を、あなたのために失った多くの人々の悲しみがわかるか?」

ようやくにして気づくことのできた自分の罪のおそろしさに、あなたは身も世もなく泣き伏しました。お釈迦さまは、人肉の香りと味がするという石榴を与え、「わが身にひき比べて、人の悲しみのわかる人間になれ」とさとされました。

懺悔の涙に洗われたあなたは、悲しみに導かれて仏と出逢うことができ、子らを守る神と生まれ変わることができたのです。

石榴を見ていると、あなたの悲しみが、あなたのよろこびが、そしてお釈迦さまのお声が聞こえてきます。

花材◉石榴/友禅菊/野菊
花器◉箕

おやすみ、安心して——宇宙のゆりかごに

おやすみ　安心して
　空気が　やわらかく
　あなたを　いだきつづけてくれるでしょう
　　どんなときも決して手放すことなく

おやすみ　安心して
　昼は太陽が、夜はお月さまやお星さまが
　あなたを見守っていてくれるでしょう
　　あたたかく、そしてすずやかに

おやすみ　安心して
　風があなたのゆりかごを
　そっとゆらしてくれるでしょう
　　ゆらゆら　ゆらゆら　と

おやすみ　安心して
　夏はほととぎすや　かっこうが
　秋はこおろぎや　きりぎりすが
　　子守歌をうたってくれるでしょう

おやすみ　安心して
　蝶や　みつばちたちが
　あなたのやすらかな寝顔にキスして
　　あなたの夢にいろどりを
　　　そえてくれるでしょう

忘れまい
みんな宇宙のゆりかごに
いだかれて　やすらいでいることを

花材◉貴船菊《きぶねぎく》　水引草
花器◉釣り籠

風を生け、風を撮る

「先生、風があって撮れません」

「風を撮ればいいんじゃないの？」

風には姿がない。雲を送り、木の葉を舞いあがらせ、すすきの穂の招く姿を通して、風のあることを知る。

秋にも姿がない。青かった野薔薇《いばら》の実が紅に染まり、柿やリンゴが赤く熟することを通して、秋を知り、また秋をいだくことができるように。

「仏トナ　名ナキモノ　御名ナルニ」

これは柳宗悦さんの言葉。名もなく形もなく、だからこそ、いつでも、どこにでも、みちみちておいでになり、眠っている間も、私たちの心臓を休みなく働かせつづけていてくださるその動き、それを名づけて、仏という。

その命は「普《ふ》門《もん》示《じ》現《げん》」といって、すべての上に姿をあらわしたもうという。あまねくということは、おちこぼれなしということ。

あなたも、わたしも、いとしい人も、憎らしい人も、犬も猫も、草も木も、ひとしく仏の分身であり、仏の御働きのまにまに、生かされているものであることを忘れまい。

花材◉すすき／吾亦紅／野薔薇の実／りんどう／わらび／胡麻菜　ほか
花器◉藤蔓の釣舟

曲がっているからいい

すねなすび馬役あいつとめたり

誰の川柳かしりませんけど、この句をつぶやくたびにうれしくなってしまうんですよ。お盆の精霊《しょうりょう》棚《だな》に茄子ときゅうりで牛や馬を作り、うどんの荷縄《になわ》をかけますでしょう。畑で、自然のまま、のびのびと育ったものの中から、さらに曲がったのを選び、すすきの茎の足をつけると、元気いっぱいの牛や馬ができるんですよ。

お花でも同じことが言えますね。人間に作られた花はおもしろくありませんが、自然はすばらしい。雨にたたかれ、風に曲げられて地に伏した姿の何と絶妙なことか。曲がっているからいいんですね。

晩秋の信濃路の山を歩いていましたら、りんどうがたった一本、ふうろの紅葉とともに、ゆく秋の挽歌を奏でていました。思わず山の神さまに「すみません。いただきます」と掌をあわせて、いただいてまいりました。

ふとふたつの言葉が頭をよぎりました。それは平沢興《こう》先生（元京都大学学長）の「欠点が気になるうちは駄目ですね。欠点が長所に見えてこなければ」という言葉と、「教育しないことが教育だ」と『エミール』の中で語ったルソーの言葉でした。教育熱心なあまり、子供を駄目にしている現代への警鐘ともいうべき言葉といえましょう。

花材◉りんどう／ふうろの紅葉／野路菊《のじぎく》
花器◉すいのう

南無病気大菩薩
病葉《わくらば》を生け
落ち葉を生け
人生を生ける

「奥さまがずっとお元気だったら、あなたは奥さまのありがたさにも気づかず、命の尊さにもめざめず、ボンヤリと、むしろ愚痴ばかりの中に生涯を終えるところでした。

　奥さまが病気になった。それも風邪くらいなら、これほど本気にならないでしょう。癌という、きびしい、かなしい病気になったお陰で、その苦しみから救われたいという切なる願いに導かれ、ここへ来ることができたのです。

　ちょうど、病気は苦しいほど、待ったなしに医者へとんでゆき、医者の言うことも聞き、薬も飲もうとするようなものです。これを『求道心』と呼び、『聞く耳が開けた』と言います。

　苦に導かれてアンテナが立ち、聞く耳が開け、真実の教えや、人に出会うことができ、それによって命の尊さや、ほんとうの生きざまにめざめることができたら、健康なばかりにアンテナが立たず、聞こえず、見えず、気づかずに終える人生より、どれほどすばらしいかわかりません。

　苦は〝気づけよ〟という仏さまよりの慈悲の贈り物です。南無病気大菩薩です」

　一息ついた私は、涙ぐみながら聞き入るN氏に、病葉や虫食い葉や落ち葉の風情を、いとしみ味わう日本の花道の心を語り添えた。

花材◉紅万作《べにまんさく》の紅葉／太郎庵椿
花器◉ごま竹

〝けどな、いいとこあるぜ〟トゲも輝かせあえるように

カサッ、コソッ。朴《ほう》の葉の散る音が、山寺の庭のしずけさを一層深いものにする。

野点《のだて》の結界にとつくった青竹に、ふと花が生けたくなり、穴をあけ、水を入れ、色づいた野薔薇の実に、乱れ咲く小菊を添えてみた。トゲで痛めた指先をなめながら。

しずかな晩秋の陽射しに包まれて、野薔薇の実が赤く輝く。私の指を刺し、腕をひっかいたトゲまでも、朝の光に包まれて白い輝きを見せている。

あなたとわたしとは
いま、薔薇の花園を歩いている。
あなたは言う、
「薔薇の花は美しい、だが、そのかげにはおそろしいトゲがある」と。

けれども、わたしは言いたい、
「なるほど、薔薇にはトゲがある。
それでも、こんなに美しい花を咲かせる」と。

下村湖人の詩を思い出した。同じ一本の薔薇を見ていても、美しい花に目を注ぐか、トゲのほうに目を注ぐかで、そこに開かれてゆく世界はまったく異なったものとなってゆく。一方はゆるされたあたたかい世界となり、一方はとがめあう冷たい世界となる。

「けどな、いいとこあるぜ」と言った友のように、誰しもが持っている「いいとこ」をひっぱり出しあい、よろこびあい、さらに、トゲも光の中で輝かせあえるようになるといいな、と思う。

花材◉野薔薇の実／小菊／りんどう　ほか
花器◉青竹の結界

紅く燃えて死にたし

昨日の霜で柿の葉はみな散ってしまった。明日はわが身の上かもしれない最後の命を、真っ赤に染めて紅葉が、その紅葉の色を一層燃え立たせながら夕日が、今、日本アルプスの山並みの稜線に沈もうとしている。

柿一つ木にのこし遠い山には雪　　大山澄太

昔の人は柿をもぐとき、ひとつやふたつは必ず木守りといって、木に残した。木の景色ともなり、また鳥たちへの思いやりでもある。

庭の紅葉を借景《しゃっけい》に、柿をもぐべくして切り落とした枝のひとつを傘立てに投げ入れ、霜枯れの屋敷に根じめの材料を探した。花らしきものはなく、その萼《がく》や葉を霜でさび色に染めた紫陽花が、薄暮の中にたたずんでいた。

六月梅雨の頃につけた花を、半年近い月日をうつろいながらも枝頭に守りつづけた最後の侘び姿。「よくがんばってくれたね。最後、もう一度お役を務めてね」と、詫びるような、たのむような思いで、手をあわせながら切り、柿の根元に添える。

山並みは暗紫色のシルエットとなり、大空の茜とみごとな対照をなしている。その残照の輝きを見つめながら思う。〃人生に退職なし、最後まで本番、最後ほど本番、最後こそ仕上げどき、この紅葉のように、この太陽のように、紅く燃えて死にたい〃と。

花材◉柿／紫陽花
花器◉傘立て

花とほほえみで始まる釈尊の教え

お釈迦さまをお慕いして、インドへまいりました。お釈迦さまが歩まれた道を、私もこの足で歩みたくて、お釈迦さまが眺められたであろう山や河を、私もこの目で眺めたくて。

尼連禅河《にれんぜんが》の白砂はキラキラと太陽の光を照り返しておりました。白砂にひれふして六年苦行の前正覚山《ぜんしょうがくさん》を拝み、菩提樹の幹をかきいだいて、お釈迦さまがお悟りを開かれたときの天地の歓喜の声を、この葉のさんざめきの中に聞きました。

霊鷲山《りょうじゅせん》では、そのかみ、ビンビサーラ王が聞法《もんぼう》のために登られたというその道を、私も胸をときめかせながら登り、頂上の庵室の跡にひざまずき、お釈迦さまが拈華微笑《ねんげみしょう》して法を摩訶迦葉《まかかしょう》さまに伝えられたという一《いち》会《え》の光景を瞼に描いてみました。

きょうはお釈迦さまの一大説法があるというので、お弟子さまたちは皆この山上に集まり、息をひそめてお待ちしておりました。静かにお出ましになり、前にお立ちになられたお釈迦さまは、一輪の金波羅華《こんぱらげ》を拈じてニッとほほえまれました。何もおっしゃらないのです。言葉を用いられないのです。お釈迦さまのお心がわからず唖然としているお弟子さまがたの中で、迦葉さまお一人だけがニコッとされたんです。こうしてお釈迦さまの仏法、いえ天地のまことの教えは、摩訶迦葉さまに相続されたのです。

お釈迦さまはなんと純粋なお方でしょう。言葉を用いず、花とほほえみで真理の教えを説き、そして相続されるなんて。

同行の信者さんがそっと尋ねてきました。「拈華微笑されたお心は何なのでしょうか」と。私は答えました。

「実物提示ということでしょうね。金波羅華

花材◉むくげ／桔梗
花器◉青竹

花材◉遠州むくげ／山ほととぎすの実
花器◉尺八型掛け花入れ

というのは青蓮華のことだそうですけれど、『蓮華』という言葉が先にあって、あとから蓮華の花ができたのではなく、蓮華の花という実物があって、後からそれを説明する『蓮華』という言葉が生まれたんですね。

種が芽を出し、やがて花開き、散るという事実。人は生まれ、老い、病み、死ぬという事実。これを実相というんですが、この働きが人類などが生まれるよりも遙か昔からあって、その姿を後で人間が見つけだし、『無常』という言葉で天地の法則を説明したんですね。そういう説明であり観念にすぎない言葉を中間にさしはさまず、直に実物と対面し、実物が露堂々に語りかけてくる言葉を、姿を、他人の目や耳を借りずに、自分の目で、耳で聞きなさい、見なさい、というのが、拈華微笑のお心だと思うんですよ」

少しむずかしかったようですね。質問してきたお方はちょっと首をかしげ、やがて仲間のほうへ去ってゆかれました。

お釈迦さまのお跡を慕っての旅の最後は、涅槃の地クシナガラでした。お釈迦さまのお体を荼毘に付したといわれる茶毘塔にもお参りしました。広々とした草原の中に眠る周囲二百メートル、高さ十五メートルほどのまんじゅう塚のあちこちを、真紅のハイビスカスが、あるかなきかの風に揺れながら彩りを添えておりました。

〝日本のむくげの花の熱帯品種というところだな〟と一人合点し、現地の少年にインディアン・ネームを尋ねると、「カクラ」と教え、一輪手折ってくれました。「原色あざやかなインドの仏像にはハイビスカスがお似合い。古色蒼然として日本の仏像にはむくげの花がお似合いね」などと、友と語らいながらインドの地をさよならしたことでした。

光に会う

残月が西に傾き、夜が明けそめました。東の空があかね色に染まり、空にたなびく雲が金色に縁どりはじめました。

やがて太陽が山の稜線に顔を出すと、光の矢が一気に四方八方に走ります。木の葉一枚一枚の葉末の露が、露草の一輪一輪にやどる露が、地上にやどるすべての露が、一度にキラキラと輝き出しました。それまで暁闇《ぎょうあん》の中に影をひそめていたすすきやえのころ草の枯れた穂までも、銀色の波を打ち返しはじめました。その上に七色の虹の橋までかかっております。

光のおかげで月も輝くことができ、雲も表情をゆたかにすることができ、虹の橋もかかることができ、露も枯れ草も輝くことができるのですね。

人も光に会うことによって自分の黒い影に気づくこともできれば、自分の進んでゆくべき道を知ることもできるのです。そのように光に照らされ、光に導かれて歩む人もまた、人々の中にあって光となる人なのでしょう。

花材◉えのころ草／野菊／母《はは》子《こ》草《ぐさ》／友禅菊
花器◉あけびの蔓の籠

このさみしさを君はほほえむ

あめつちにわれ一人ゐて立つごとき
このさみしさを君はほほえむ
会津八一

あなたの姿を見つめていたら、なぜかこの歌が浮かんできました。

　あなたは何を見つめてほほえみ、何に耳をそばだてているのでしょう。その身を紅に染めながら、やがて散ってゆく木の葉たちが語る、夏の暑さや秋の空の深さなのでしょうか。その葉を透かしてはるかに仰ぎ見る太陽や雲なのでしょうか。

　宇宙にたったひとつの命、絶対に代ることのできない命。でもこのひとつの命の花を咲かせるために、太陽は輝き、雨は大地をうるおし、大地は根をはぐくみ、モグラはその大地を耕してやわらかくしてくれ……。

　天地いっぱいの惜しみない協力のおかげで今一輪の花を咲かせることができたのだと思うと、少しもさみしくないんですね。むしろうれしくって思わずほほえんでしまうんですね。

　お釈迦さまが「天上《てんじょう》天下《てんげ》唯我《ゆいが》独尊《どくそん》」とおっしゃったお心は、ふたつとない命の尊さにめざめよ、ということなのでしょうね。しかも、その命は、天地いっぱいに生かされているたいへんな命なんだ、ということなのでしょうね。

　大空に向かってほほえんでいるあなたの姿を見ていると、いろいろな思いが浮かんでまいります。

花材◉万作の紅葉／白玉椿
花器◉古銅の曽呂利《そろり》

天地の技　人の技

菊を采《と》る　東籬《とうり》の下《もと》
悠然として　南山を見る

陶淵明《とうえんめい》の詩の一句を口ずさみながら、わが家の東籬に乱れ咲く小菊を切る。切った小菊を高くかざし、その枝ぶりを見つめる。朝露が宝石のようにキラキラ輝くその枝や葉のあいまより、遠くかなたに、南山ならぬアルプス連峰が見える。

かざした枝をおろして、あらためて山並みを見わたす。峰には早くも初雪が訪れ、朝の光を受けて薄紅に染めた姿は、少女のはじらいのようにいとおしい。

帰り途、となりの垣根にまきつき、小道をはばんでいる蔓梅もどきと、その下に咲き残るほととぎすを、そっといただく。

そして思う。天地のつくりませし技の妙を。太陽や雨や風のまにまに、思いきり枝をのばし、まろびふし、起きあがり、人の思いや技の遠く及ばない絶妙なる姿を、それもたった一度だけ見せてくれる。ふたつとして同じ姿はなく、また二度と同じ姿を見せてはくれない。

偽とは「人が為す」と書く。人間が何かのためにすることは、みなニセモノなのだ。ひとたび人間の手にうつると、みな手垢がつき、おもしろくなくなってしまう。「玉は文《あや》を雕《え》りて以って淳《じゅん》を喪《ほろぼ》す」（天然の宝石に人間が模様を刻むことで、かえって駄目にしてしまう）という古人の言葉をかみしめる。

花材◉蔓梅もどき／小菊／ほととぎす
花器◉青竹

春秋の　よそおい捨てし　裸木の
ただ粛然と　天に向える

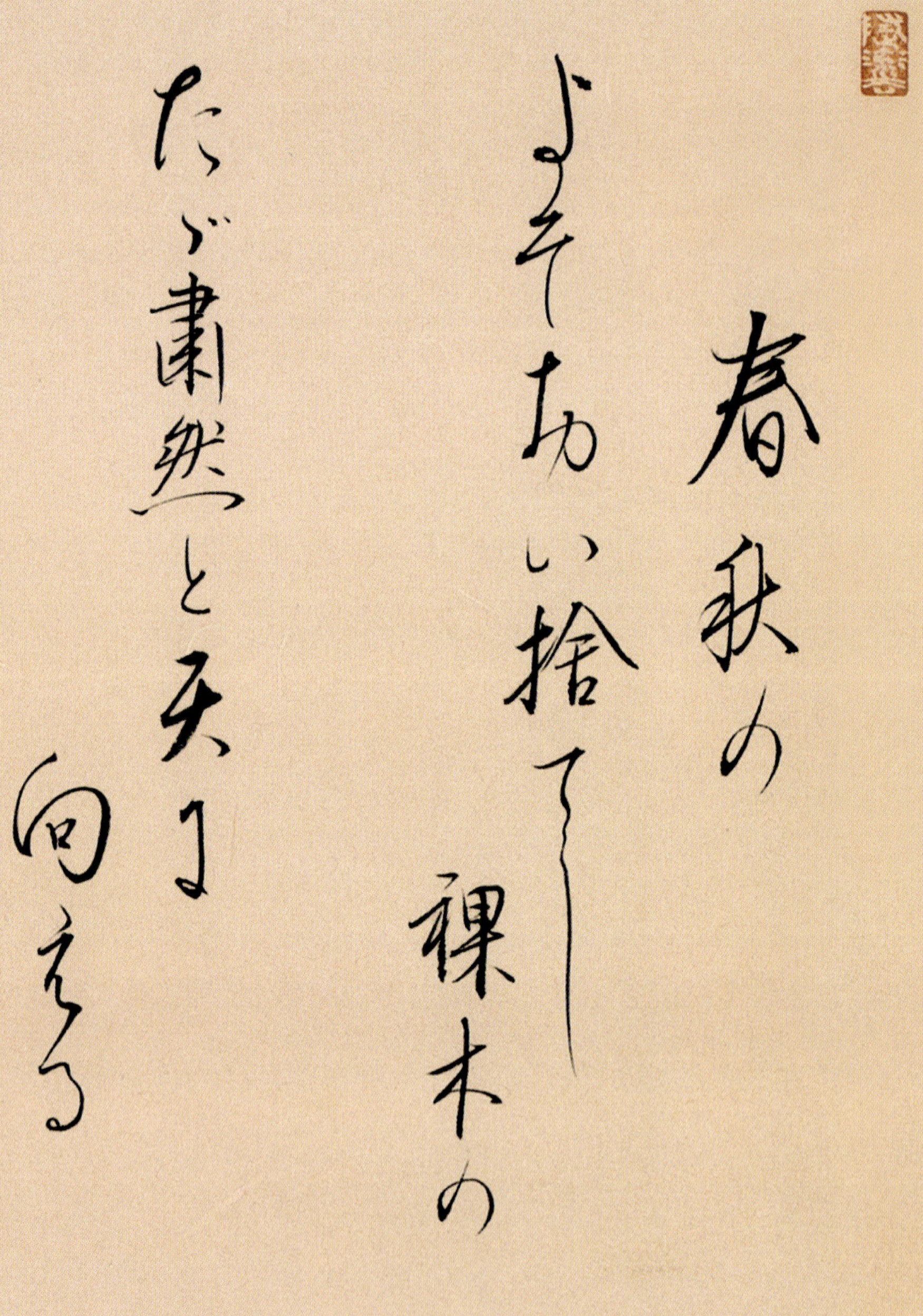
春秋の
よそおい捨てし
裸木の
ただ粛然と天に
向える

冬

「主となる」という意識もなく

飛鳥の御寺の古代瓦に、あなたの黄はとてもよく似合いますね。やわらかい冬の陽射しに包まれて、あなたは遠い祖先の国を夢みているのでしょうか。

あなたの昔の名は「胡柑《こかん》」と言うんですってね。唐人たちは西域の人々を「胡人」と呼び、胡人のもたらしたものには、みな胡の字をつけたんですね。胡瓜《きゅうり》、胡桃《くるみ》、胡麻《ごま》、胡椒《こしょう》、胡蝶《こちょう》までも……。

冬はあなたの出番。吸物椀の蓋をそっとあけたとき、立ちのぼる湯気の中にあなたの姿を見つけたときのよろこび。おなかの中にあえものなどを入れ、柚釜《ゆがま》となって出てくると、思わず歓声をあげ、蓋をとって中を眺めたり、しめて全体の姿をたのしんだりしたくなってしまうの。風呂ふき大根にそえられたり、柚子餅や柚餅子《ゆべし》となったり、冬至には風呂にまで入れられて……。

考えてみたら、あなたはいつも主役ではなくて、ひきたて役。でもあなたがいなかったら、気の抜けたビールみたいに物足りないのだから不思議ね。

主役、脇役などという序列は人間のつけたもの。あなたは授かったお役を、ただ無心に勤めあげるだけ。それが相手をひきたたせ、同時にあなたもひきたつんですね。

「随所に主となる」という禅の言葉があるけれど、「主となる」という意識もなく行ずることのほうがもっと大切だということを、あなたから教えてもらいました。

花材◉柚子／まゆみ
花器◉古代瓦

みんなのことだけを思って

お客さまをお迎えするというので、ろう梅を生けました。お客さまのおもてなしにと思って生けたのですが、馥郁《ふくいく》とした香りが家じゅうにみちて、お客さまと同じように私たちもその香りをたのしませていただきました。

織部《おりべ》の手あぶりにあかあかとおきた佐倉炭を三つ葉型に埋めて、お客さまにおすすめしました。お客さまに手をあたためていただこうと思って出した手あぶりですけれど、やがてお部屋全体がぬくもり、私たちもお客さまとまったく変わりなく、そのぬくもりをちょうだいしたことです。

生徒や大勢の方々にお話をせねばならないために、夜遅くまで睡魔とたたかいながら勉強することもしばしばあります。そんなことでもなければ決して開くことはないであろう本も、おかげで読ませていただけるのです。一番得をしているのは私であり、私こそ生徒や聴衆にお礼を差し上げねば、といつも思うことです。

道元禅師は「愚人おもはくは利他を先とせば自らが利省《はぶか》れぬべしと。しかにはあらざるなり。利行は一法なり、あまねく自他を利するなり」とおっしゃっておられます。

片一方だけが得をするということは決してなく、みんながひとしく利益にあずかっているのだというのです。

自分のことは考えずに、相手のこと、みんなのことだけを思って事に当たればいいんですね。

花材◉ろう梅／藪椿
花器◉織部の手あぶり

見すえるべきは今の一点

過去が咲いている今
未来の蕾で一杯な今

実と花と蕾をともに生けながら、私はふと河井《かわい》寛次郎《かんじろう》先生のこの言葉を思い出しました。

人は、過去がよくて今が悪いと、よかった過去をもってきて今の飾りにしようとして、ますますみじめな姿をさらすという結果を招きがちです。逆に恥ずかしい過去を持っていると、それをいつまでもひきずり、雪だるまのようにふくれあがらせながら心のお荷物として背負いこみ、今が立ちあがれず、今が押しつぶされ、今をとりにがしてしまいます。

どんなに過去がよくても、今が駄目なら駄目なんですね。反対にどんなに過去が駄目でも、今がよければよいのです。つまらない過去をますますつまらなくするのも、今の生き方にかかっているのですし、つまらない過去を肥料として転じて、みごとな花を咲かせるのも、今の生き方にかかっているのです。

さらには、とても開きそうもない未来という固い扉を開くのも、今の生き方にかかっているし、逆に開かれた扉もしまり、敷かれたレールも消してしまうのも、今の生き方にか

花材◉椿（太郎冠者）
花器◉ローマで求めた一輪ざし

花材◉梅／椿の実
花器◉竹

かっているのですね。

古人は「一大事とは今日只今のことなり」とおっしゃいましたが、今という一点の連続が生涯となり、また永遠ともなるのであり、勝負は、見すえるべきは、どこまでも今の一点なのですね。

やわらかい心を

気に入らぬ風もあろうに柳かな

と博多の仙崖《せんがい》さま（仙崖義梵・江戸後期臨済宗の僧）はうたわれた。ゆく秋、木の葉を吹きちぎり、雪をもたらす北風は、イソップの旅人でなくても、背を向け、外套の衿元をかきよせるであろう。

春、木々の梢をやわらかな芽吹きで飾り、花をわらわせ、蛙たちの眠りをさまさせる南風には、誰しも心のたかなりをおぼえよう。

それを仙崖さまは、どちらの風にも同じ姿勢でやわらかくなびき、なびく姿が美しい景色となる、そんな柳のようであれとおっしゃる。できない自分を見すえながら、柳を見つめる。

「柳に雪折れなし」と昔の人は言った。「オレが」という我のつっぱりがないからこそ、やわらかいからこそ、風にも折れなければ、雪にも折れないのである。

柳を見るたびに思い出す言葉がある。「東西南北の風を問はず一等佗《た》が為に般若を談ず」という如浄禅師の「風鈴の偈」の一節である。我の角が折れずに苦労している私にとって、東西南北の風を問わず、緑の髪をくしけずる柳の無礙《むげ》なるさまは、うらやましくもまた慕わしい姿である。

花材◉しだれ柳／椿（侘び助）
花器◉青竹

春たちかえるよろこびを

　茶の湯の世界では、正月の初釜の床にしだれ柳を生け、枝を結び、その根元に紅白の椿を添えるというならわしになっている。この習慣は遠く中国の唐・宋時代にまでさかのぼるものらしい。

「柳の梢はもとへかへる物なれば、かへるという祝言にあやかる也。昔は切々参る人にたまきをおくり、又柳を結んで与へしと也」と、僧兼載《けんさい》（十五世紀末）も語っている。

「ひとたび別れても、無事に旅を終へて、ふたたびわがもとへ帰り給へ」という切なる思いをこめて、結び柳を旅立ちのはなむけとしたものであろう。また箸に使った柳さえも地にさせば根づいて、たちまち大きくなるように、いずこにあってもすこやかに、授かった場所で根をはり、枝葉を繁らせてくれという祈りもこめられているにちがいない。

　芭蕉は『奥の細道』の冒頭に、「月日は百代の過客にして行きかふ年もまた旅人なり」と言っているが、時ばかりではない、人もまた人生の旅人。その旅のひとこまの新しい年の門出。春たちかえるよろこびと共に、この一年の旅路のすこやかなれとの祈りをこめて、しだれ柳を正月の床飾りとしたものであろう。

花材◉実橘／白玉椿
花器◉青竹

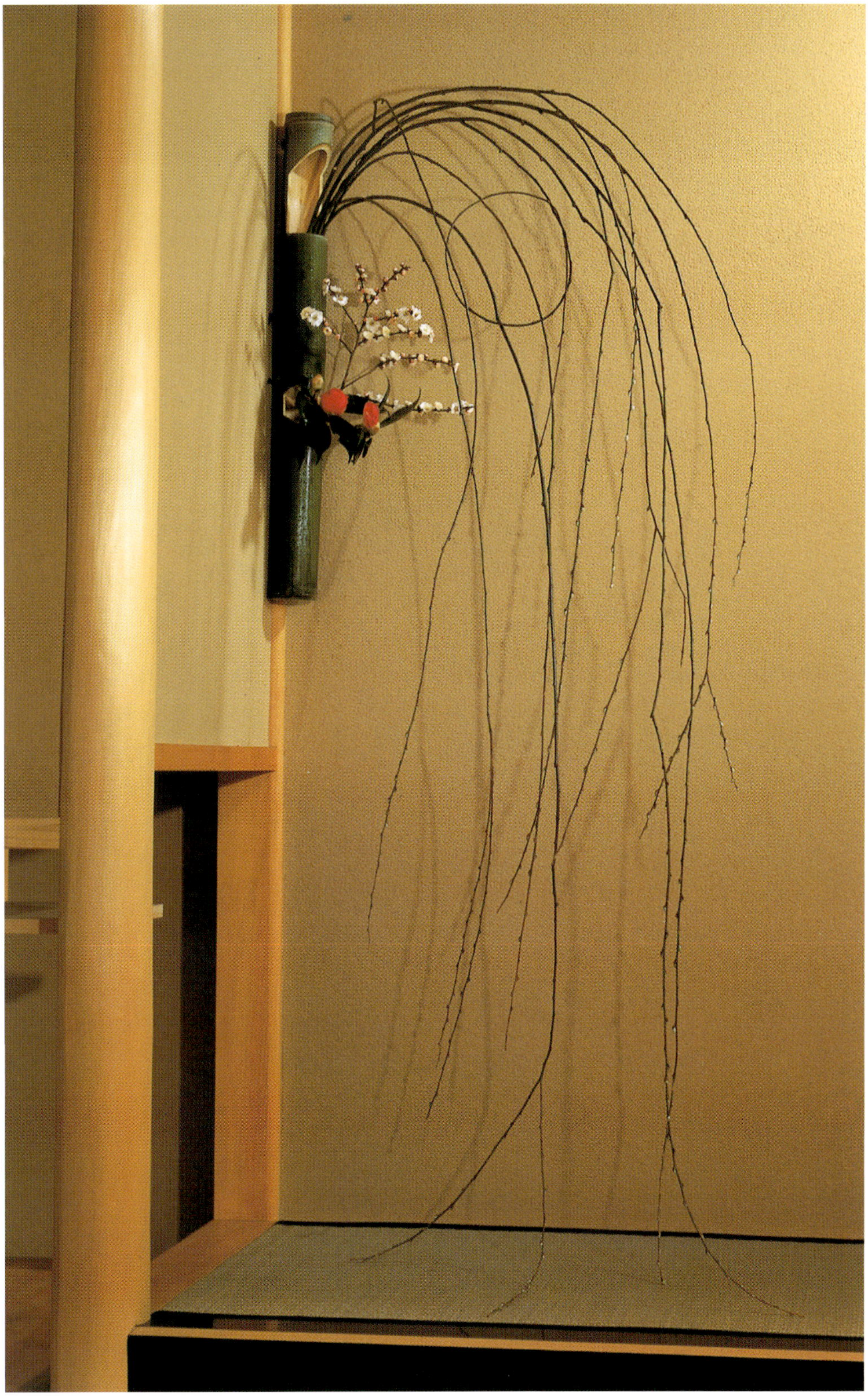

花材◉しだれ柳／椿／梅
花器◉青竹

無垢なる花の心にさそわれて

　五島列島の玉の浦に咲いた椿を、初釜にと知人が送ってくれた。海を越えて信州の山奥のこの草庵にまで、ようこそ無事にたどりついてくれたことよと、胸をときめかせながら、手作りの掛け花入れにそっと入れる。日がな一日、〆切の原稿のことなどすっかり忘れて、訪れる客を茶室に招き入れ、自慢げに椿と対面させる。

　客は言う。「お花を見ているとき、先生は一番いい顔をしていますね」「お花を生けておられるときの先生、大好き。とってもいきいきとしてたのしそう」「先生、お花の話をしているとき、とてもうれしそうですね」

　何のことはない。客は花も見ていてはくれるのだが、花を見て手ばなしでよろこんでいる私を見ているのである。

「あなただって花を見ればたのしいでしょうに。花を見て腹をたてる人はいないんじゃない?」と言いながら、私はふと「赤ちゃんを抱いているとき、先生一番いい顔をしてますね」と言ってくれた弟子の言葉を思い出した。お茶の弟子たちが結婚して赤ちゃんが生まれると、私に見せに来ながら、「ほら先生にだっこしてもらいなさい」などと言って私に抱かせ、写真をとってゆく。

　花や赤ちゃんと対しているときの私の顔は、私のさまざまある顔の中で一番いい顔だという。花や赤ちゃんには邪心がない。無垢なる姿、無垢なる笑顔にさそわれて、私の中の無垢なる私、純なる私がおどり出す。

「美しいものを、美しいと思えるあなたの心が美しい」と詩人の相田みつをさんはうたっているが、誰の中にも、花のような、赤ん坊のような仏心も息づいている。誰の心の中にも、目をそむけたくなるような醜悪な心も息づいている。

　親鸞聖人は「さるべき業縁のもよほさば、いかなるふるまひをもすべし」とおっしゃった。善も悪も、鬼も仏も、すべての可能性をとりそろえている私、そしてあなた。花のように、赤ん坊のように、私の心の中から、人々の心の中から、花の心を、赤ん坊の無垢なる心をひき出しひき出しして生きるような、毎日でありたいと思うのだが……。

花材◉玉の浦椿／ろう梅
花器◉青竹

たまはりし、おのが姿を——空を生ける

たまはりし　おのが姿を
たまはりし　大空に描く
雲がまにまに

リンゴがリンゴであるとき本物。リンゴがときどきパイナップルのかっこうをして食卓に登場することがあるけれど、あれは偽物。

リンゴがリンゴの姿と味をもってこの世を飾り、パイナップルがパイナップルの姿と味をもってこの世を豊かにしてくれる。それを成仏といい、成道《じょうどう》というのです。

あなたという人も、この世にたった一人しかいないものを、どうして比較することができますか？　五は五で満点、三は三で満点。柳が柳の姿になりきり、水仙が水仙の姿におちつくことができたとき満点なのです。三が五と背くらべをして劣等感におちいり、三の力も出すことができないような愚はしないようにしましょうね。

千恵子は安達太良山《あだたらやま》の向こうに出る空だけが空だといってましたけど、そんなことといってもしょうがないですね。逆三角形の谷底の流れにうつる空の景色も、またひとしおのもの。公害に泣く東京の空は、人々に地球の危機を訴えています。四方全部地平線というインド平野の空の広さは、思い出す度に私の心をおおらかなものにしてくれます。

その空も、晴れの日もある、曇る日もある、荒れ狂う台風の日もある。星や月でおごそかに荘厳する夜もある。いろいろあっていいんですね。人生もいろいろあるからいいんですよね。

花材◉しだれ柳／南天／水仙
花器◉青竹

雪の朝、月の夕《ゆうべ》は深更《しんこう》までも

花材◉黒猫柳／菜の花
花器◉手作りのワラづと

「茶は二刻《ふたとき》を過ぎざれ」と言われた。一刻は二時間だから、一度の茶事に要する時間は四時間を過ぎてはならないという、利休さまの戒めである。人間の緊張の持続は四時間までで、それを越えるとどこかに手ぬかりが出てくるというのであろう。そう言われた利休さまも「雪の朝、月の夕は深更までも」と、これだけは例外だとおっしゃるほどに、雪と月の風情を愛された。

ある雪の早暁、秀吉は突然に利休屋敷を訪ねた。〝こんな雪の朝は、いかな利休であろうとも、寝坊しているであろうから、ひとつ困らせてやろう〟という下心で。ところが利休屋敷にはすでに灯火がともり、かすかに空薫きの香までもただよっている。

案内を乞うと、利休さまがしずかに迎えに出られた。露地の飛び石に前夜雪の降る前にのせておいた桟俵《さんだわら》を、そっと取り除きながら。美しい露地の雪景色はまったくそこなわれないまま、雪にぬれない飛び石がまるく顔を出し、飛び石を伝う人々をやすらかににじり口へといざなう。秀吉はまたしても脱帽するばかりであったという。

雪を愛され、雪をたのしまれた利休さまを慕い、雪の朝、雪をかぶった露地笠に、紅梅と福寿草をかざしてみたのだが……。

花材◉紅梅／福寿草《ふくじゅそう》
花器◉露地笠

人生も遊びになったらいいな

「雪だ！　雪が降ってきたぁ」

南国育ちのSさんは、犬ころのように庭にとび出し、日がな一日、雪と遊んでいた。雪かきをしたり、雪だるまをつくったりして……。「あーぁ、また雪か。いやになっちゃうな」。うらめし気に雪を見ながら、はじめから疲れた顔で雪かきをしているNさんとは対照的に。

遊びはそれ自体が目的であって、何かを手に入れるための手段ではない。だから、いっしょうけんめいに打ちこむ。

仕事も学問も人生も、金もうけのため、名誉を得るため……と、「ため」がつくと仕事や学問はそれを手に入れるための手段に落ちてしまい、とたんに色あせた存在となる。

また遊びはたのしんでやる。苦しみながらやる遊びなどというものはない。だから能率もあがり、疲れもしない。傍目《はため》にもたのしい。観世音菩薩《かんぜおんぼさつ》は、この苦しみに充ちた娑婆《しゃば》世界に遊びたもうとお聞きしているけれど、人生も遊びになったらいいな、と思いつつ、私も花の世界に遊びたわむれる。

花材◉雪の雫《しずく》／福寿草／犬のふぐり
花器◉信楽の大皿／炭

老梅たちまち開く

槎《さ》槎《さ》牙《が》牙《が》たり　老梅樹　たちまち開華す
一華両華　三四五華　無数華

これは「梅早春を開く」とともに、如浄さまのお言葉です。道元さまはたいへん梅がお好きでしたけれど、そのお師匠さまの如浄さまも、梅がお好きだったんですね。梅の咲く頃、中国の天童山をお訪ねし、お二方をおしのびしたい、そんな思いにかられます。

梅が梅という形で春を現じているように、私は私という形で仏の命をいただき、あなたはあなたという姿で、仏の命を生きているのだということをおっしゃりたいのですね。

百年、二百年の春秋を経ないと「老梅樹」とは呼んでもらえないでしょうね。長い年月の間にはいろいろなことがおきます。「九十九まがりの山坂道を、まがりつつまっすぐ行け」と教えてくださったお方がいましたけど、そういう姿勢で、しかも長い年月を越え得た人にしてはじめて、「老」という字をいただくにふさわしい人となり、また木にも風格が備わるのでしょう。

またその生きざまを慕い、ともに歩もうとする人が一人二人、やがて百人千人と増えていくものなのでしょう。お釈迦さまをしたって、まずは五人のお弟子さんが、そして今日、数限りない人々が仏法を語り、行じているように……。老梅樹に年々新しい花が、一華両華、無数華と開いてゆくように……。

花材◉梅／椿
花器◉漬物の瓶

鬼は私
仏も私

その人の顔を見ただけでうれしくなってしまう人がいる。その人がそこにいるというだけで、心がやすらかになる人がいる。

その人が部屋に入ってきたというだけで、イライラした気分になってしまう人がいる。その人が仲間に加わったと聞いただけで、みんなを暗い気分にする人がいる。

ちょっと待って！　それは私のこと。私の中にも同じ思いが動いている。あっという間に仏さまも飛び出せば、鬼も飛び出す。

私の中の仏が相手の中から仏をひっぱり出し、私の中の鬼が相手の中の鬼をひっぱり出しているだけ。

「福は内、鬼は外」なんて、他人事みたいに叫んでいるけれど、それは私のことだったんだ。冷たい雪の中で静かにほほえんでいる節分草を見ていると、そのことに気づく。

花材◉節分草／犬のふぐり
花器◉瓦の破片／炭

みの虫のつぶやき──春の足音を、胸のときめきを

〝みの虫ごと生けた〟なんて人間は風流がっているけれど、何が風流なもんか。空ゆく雲といっしょに、柳にぶらさがっているオレの姿をうつしてくれる谷川の水は、底の石まで数えられるほどに美しいんだ。

その川を縁どる氷の造形に踊る日の光の中にも、そしてオレをゆさぶって吹きすぎてゆく寒風の中にも、たしかに聞こえてくる春の足音を、息ひそめて聞くこの胸のときめきを、君たちは知らないだろう。

天地の一部を切りとり、月も星もみえない、流れの音も聞こえない、壁に囲まれたうすぐらい床の間にオレたちを生け、ストーブの前に背をまるめてちぢこまっている人間たちよ。

壁をとりはらい、戸を開け放ち、天地の只中におどり出てごらん。天地いっぱいが奏でている、春の調べが聞こえてこよう。

花材◉猫柳／椿／福寿草
花器◉焼きしめの大水盤

身の威儀を改むれば
——天地の摂理にしたがふ

散ってしまった紅葉は、ふたたびもとの枝に戻らないように、逝ってしまった友は、決して帰ってこない。そこに天地のきびしい摂《せっ》理《り》を感ずる。

やがて萌えいずる若芽たちは、土に帰った親たちを肥料として芽吹き、成長し、花を咲かせる。そこに厳粛な天地の摂理を感ずる。

辛夷《こぶし》はビロードのような萼《がく》で蕾を包むようにし、水仙は葉を重ねるようにして蕾や花を寒さから守り、さらにその根にハカマをはかせている。そこに限りなくあたたかい天地の配慮を感ずる。

薔薇には薔薇の形があり、すみれにはすみれの形があり、人間という形、犬という形、そしてさらに男があり、女があり……。それらは決して入れかわることはできない。そこに天地の造化の妙と、厳然と受けつがれてゆく約束の不思議を感ずる。

道元禅師は「身の威儀《いぎ》を改むれば心もしたがひて転ずるものなり」と、姿形をととのえることの大切さを強調された。東洋の芸道は型から入ると言われる。しかしその型は、人間がつくり出したものではなく、天地の摂理そのものであることを、水仙の花を生けるたびに思うことである。

花材◉水仙
花器◉青磁うすばた

追ったり逃げたりせず

春は黄色からはじまると言います。万作もそのひとつと言えましょう。冷たい風の中で、いち早く春を告げるかのように、太陽の色を染め出して咲く花に、人々は今年の豊年を祈って万作と名づけたのでしょうか。

でも、どんなに祈っても、人々の願いをよそに雨ばかり降りつづいたり、夏になっても気温があがらず、凶作の年もあります。

人生も順風満帆《じゅんぷうまんぱん》で走れるときもあれば、逆風の中で荒波とたたかわねばならないときもありましょう。

両方あっていいんですね。何事もすべてが思いどおりに運び、それが当たり前になってしまったら、幸せを幸せといただく感度がなくなってしまいますから、むしろ不幸と言えましょう。

沢木興道《こうどう》老師の言葉に「全部いただく、えり食いはせぬ」というのがありますが、追ったり逃げたりせず、「全部いただく」という姿勢で生きられたらいいなと思います。

花材◉万作／椿（紅しんト伴）
花器◉焼きしめの掛け花入れ

その中に　ありとも知らず　晴れ渡る
空にいだかれ　雲の遊べる

あとがき

大智禅師の偈に「無情の説法、有情聴く。風寒林を攪《ゆす》りて葉庭に満つ」という一句がある。人間や動物など意識を持ったものたちを有情と呼び、草木や瓦礫など意識がないと思われるものを無情と呼びならわしてきた。その無情説法を、山川草木の説法を、有情である人間が聴くというのである。人類の文化の歴史の一面は、この無情説法を有情がどう聴いてきたかの歴史といってもよいのかもしれない。

お釈迦さまは無憂華《むゆうげ》の花の下でお生まれになり、菩提樹の涼陰でお悟りを開かれ、蓮華やマツリカの花を拈じて法を説かれ、娑羅双樹の花の下でおかくれになられた。

如浄禅師や道元禅師は梅がお好きで、梅にちなんでの御説示がたくさん残されている。良寛さまはすみれやたんぽぽと遊んで、鉢の子を野原に忘れてきてしまわれた。人の道、仏の道を真剣に歩まれた方々のお姿が、御説法が、花に彩られ、花の香りに包まれていることのうれしさ。

私も幸いにして、野の花、山の花の、おのずからにして咲き乱れる信濃路の山ふところに育つことができた。朝に夕に、春夏秋冬にと、無限の姿を見せてくれる花たちに囲まれ、花たちとたわむれ、花たちと語らいながら育ち、そして今もその中に過ごすことができる幸せをかみしめている。

頼まれるにまかせ、自坊の周辺の山野の花を摘み、カメラにおさめ、小文をそえて雑誌の一頁を飾らせていただいた。人間の手垢のつかない野の花、山の花を、手垢のつかないままの姿で、そっと花入れに移したいなと念じつつも、果たせないもどかしさを花に詫びつつ。

このたび、春秋社の御好意により、平成八年に主婦の友社より出版したものを、装いを新たにして再刊していただく運びとなりました。国内外よりの再刊の希望も多かっただけに大変うれしく思います。しかし改めて読み返してみますと、おおかたは五十代に生け、また書いたもので、はずかしさに身の縮む思いのする箇所も数多くあります。さりながらいずれも私の今日までの歩みの一里塚であることを思い、そのままに再刊していただくことに致しました。私の、花に遊び、人生に遊ぶの一こま。幸いに花の語らいに耳を傾けていただくことができたら、望外の喜びと存じます。

平成十八年九月重陽の日

青山俊董　合掌

青山俊董
(あおやましゅんどう)

昭和8年、愛知県一宮市に生まれる。5歳の頃、長野県塩尻市の曹洞宗無量寺に入門。15歳で得度し、愛知専門尼僧堂に入り修行。その後、駒澤大学仏教学部、同大学院、曹洞宗教化研修所を経て、39年より愛知専門尼僧堂に勤務。51年、堂長に。59年より特別尼僧堂堂長および正法寺住職を兼ねる。現在、無量寺東堂も兼務。
昭和54、62年、東西霊性交流の日本代表として訪欧、修道院生活を体験。昭和46、57、平成23年インドを訪問。仏跡巡拝、並びにマザー・テレサの救済活動を体験。昭和59年、平成9、17年に訪米。アメリカ各地を巡回布教する。参禅指導、講演、執筆に活躍するほか、茶道、華道の教授としても禅の普及に努めている。平成16年、女性では二人目の仏教伝道功労賞を受賞。21年、曹洞宗の僧階「大教師」に尼僧として初めて就任。明光寺（博多）僧堂師家。令和4年、曹洞宗大本山總持寺の西堂に就任する。
著書：『くれないに命耀く』『手放せば仏』『光のなかを歩む』『光に導かれて』『光を伝えた人々』『あなたに贈ることばの花束』『生かされて生かして生きる』『あなたに贈る人生の道しるべ』『今ここをおいてどこへ行こうとするのか』『十牛図　ほんとうの幸せの旅』『美しく豊かに生きる』『『正法眼蔵』「現成公案」提唱』（春秋社）、『新・美しき人に』（ぱんたか）、『一度きりの人生だから』『あなたなら、やれる』（海竜社）、『泥があるから、花は咲く』『落ちこまない練習』（幻冬舎）、『道はるかなりとも』『禅のおしえ12か月』（佼成出版社）他多数。またCD等（ユーキャン・致知出版社）も多数。著書のいくつかは、英・独・仏語など数ヶ国語に翻訳されている。

花　有　情

2006年10月10日　第1刷発行
2024年 9 月25日　第5刷発行

著者Ⓒ＝青山俊董
発行者＝小林公二
発行所＝株式会社春秋社
〒101-0021　東京都千代田区外神田2-18-6
電話　(03)3255-9611(営業)　(03)3255-9614(編集)
振替　00180-6-24861
https://www.shunjusha.co.jp/
印刷所＝萩原印刷株式会社
写　真＝神尾憲司郎・永田豊
装　幀＝本田　進

ISBN 4-393-95113-1　C0015　Printed in Japan
定価はカバーに表示してあります